学校の大問題

これからの「教育リスク」を考える

石川一郎

SB新書
524

はじめに

２０２０年新型コロナウイルスの感染拡大は、人々がそれまでは当たり前だと思っていた「日常」を大きく転換せざるを得ない事態を引き起こしました。

教育現場においては、学校に生徒が来て授業が行われるという日常が失われ、生徒が目の前に存在しなくても教育活動を行わなくてはいけない、という前代未聞の事態に直面したのです。

「未知の状況にも対応できる思考力・判断力・表現力」

これは、２０２０年から始まった新しい学習指導要領の３本の柱の一つです。教育現場は、新学習指導要領の船出からいきなり「未知の状況」への対応を突きつけられたわけです。新学習指導要領は、今後予想される大きな社会の変化に対応し、今までの教育で問題になっていた点を解決すべく作られました。新型コロナウイルスの感染拡大は、まさにこの問題点を浮き彫りにしたと言えます。これが本書を執筆しようと思った理由です。いったいどこに問題があり、どうしたらいいのかを本書では示していきたいと思います。

新型コロナウイルスの感染拡大を受け、安倍晋三首相（当時）の要請により、2020年3月2日から日本全国の学校が一斉休校になりました。生徒・保護者・学校は、それぞれどんな思いだったのか、その様子を振り返ってみたいと思います。

最初は、春休みが長くなり、学年末テストがなくなって、のびのびと過ごす様も見受けられましたが、学校からは一年間の復習のプリントが大量に課題として渡されもしました。少し落ち着いた頃に、卒業式の中止に直面しました。仲間や先生たちとの別れの場がなくなった喪失感は、何とも言えないものがありました。また、甲子園の春季大会をはじめ、部活動の大会なども中止に追い込まれました。生徒たちのやり場のない想いが、多くの同情の声を集めたものです。

当初は3月までの休校と言われていましたが、大部分の地域では感染拡大が止まりませんでした。4月、新学期になって、準備した入学式、始業式も軒並み中止になりました。

そして、教育現場では、いよいよ授業ができないという事態に直面しました。3月中からごく一部の私立ではオンライン授業が実施されていましたが、ほとんどの学校では「どうしたらいいか」と途方に暮れる状態でした。「しばらくは様子を見よう」と、方策を立てず傍観する学校も多くありました。

「学びをとめない」というスローガンのもと、「課題のみを印刷して配布、あるいはネットでの配信」「オンデマンドの授業」「オンラインの授業」など、各学校が「生徒不在」という前代未聞の事態のなか、学習への対応をとりました。

感染のリスクをおかしながらも出勤し、職員会議で議論を続けたものの、どの学校も対応策には相当苦慮していました。

3月までは春休み気分だった多くの生徒たちも、さすがに4月になると不安になってきました。学校だけでなく、塾や予備校もほぼ休講となっており、何をしていいのか、わからない状態です。家庭の中では、保護者も在宅勤務をしていて、先行きの見えない社会情勢の中、不安な日々を過ごしました。

この時に、大学受験に不安をかかえた高校生たちが、大学入学を9月に遅らせ受験日程をそれに合わせて繰り下げたらどうかという提案をしました。この提案に対して多くの政治家が、「これを機にグローバルスタンダードである『9月入学』に切り替えよう」という主張を始めました。議論は当初は盛り上がったものの、弊害も多く指摘され、次第に尻つぼみとなっていきました。

保護者の方々は、休校になってからの教育現場の大混乱に対し、目の前の子どもに対して何をしてあげられるか、さぞかし悩んでいたのではないかと推察します。

この本を書こうと思ったのは、この時期の教育を巡る議論に関して一石を投じたいからです。

・「学校は何のためにあるのか」
・「学習とは何か」
・「大学とはどんな場か」

このような根源的な問いが教育現場に突きつけられていたにもかかわらず、しっかりとした議論がなされることなく表面的な対症療法の話にしかなっていなかったのです。

行事や部活動、クラスメイトとのコミュニティの喪失は、生徒たちだけでなく教師にとっても大きな話題となりました。しかし、学校にいるほぼ大半の時間にあたる授業に関しては、オンラインで実施できるか否かという議論はあったものの、内容に関してはあまり考えられることはなかったと思います。保護者も学習に関しては学校や塾に任せきりで、実際に家庭学習をする子どもに対して、「ちゃんと机に向かいなさい」くらいしか言えなかったのではないでしょうか。

今までやってきた授業をどうやってオンラインに置き換えるか、という視点では本質的な問題解決にはつながりません。そもそも授業に関しては、すでに教育現場では行き詰まっており、だからこそ新学習指導要領では、新たな可能性の模索をうたっているわけです。考える余裕がなかったのは、よくわかりますが、学校のすべてを今一度、根源から考えてみようという意見がもっとあってもいいのではないかと感じます。

大学入試に関しても、実施時期の議論はあったものの、大学そのものの重要性についてはスルーされていたように思います。大胆な制度改革を考えるほど大学が重要な場であるなら、そこに立ち返る必要があります。ＡＩ[*1]やロボットが発達し、職業が大きく変化することが予想されていても、なおかつ重要な場であり続けるための議論がなされていたでしょうか。

緊急事態宣言が解除され、分散登校が実施されるなど学校活動は徐々に再開されていきます。多くの学校では夏休みも短縮され、猛暑の中、マスクをつけたままの授業が続けられました。

この原稿を書いている2020年秋時点でも、多くの行事は中止に追い込まれており、学校での教育活動は元には戻っていません。秋から冬にかけての感染再拡大の不安をかかえつつ、授業の遅れを取り戻し、年間のカリキュラムを消化しようと無理をしている学校が多いとの報道も相次いでいます。

小中高が再開しても、大学はオンラインでの対応が続きました。ようやく9月になって一部の講義が対面で行われるようになり、新入生が初めてキャンパスに行けるようになりました。しかし、現時点でも講義の大半はオンラインのままです。

この状況をうまく活用している子どももいれば、まったく学習が手につかない子どももいます。家庭にいる時間が長くなり、家族関係などのストレスで精神的に追い込まれている子どもも少なからず存在します。「自学自習」は、どうしたらできるのでしょうか。そして、保護者の方はどんな声がけをしたらいいのか、お悩みだと思います。この点についても本書では扱いたいと思います。

まだまだ長期にわたって向き合うことが予想される「ＷＩＴＨコロナ」の日々、教育の「ニューノーマル」は、果たしてどうなっていくのでしょうか。冒頭の「未知の状況にも対応できる」との新学習指導要領の精神が、意図も準備もないままに教育現場自体の実践で必要になったわけです。果たして、この精神は教育に反映されるのでしょうか。本書を手にとっていただいた皆様は、不安でいっぱいではないかと思います。

新学習指導要領は、今後に予想される急激な社会の変化に対応すべく、意欲的な内容になっています。小学校への英語やプログラミング教育の導入もさることながら、教科書の内容も新学習指導要領の精神が随所にちりばめられ、ＩＣＴ（情報通信技術）の活用も想定したものになっています。学習内容を削ることなく、むしろ新しい内容がプラスして入ってきており、教科書はかなり分厚いものになっています。

また、GIGAスクール構想[*2]の方針が、政府から打ち出されており、小中学校の生徒に一人一台の端末が配布されることが決まっています。コロナ渦もあり、端末の配布を何とか2020年度内に済ませようと各自治体は急ピッチで対応を進めています。ハードの面では、十分対応が可能な状況になってきているとも言えます。しかし、それを担う教育現場が、ICTに関して教育活動で活用するだけの理解があるのかは甚だ疑問です。このあたりも考えていきます。

中高の教育内容においては、ICTに加え、「未知の状況にも対応できる思考力・判断力・表現力」を獲得できるよう、「総合的な探究」という観点がカリキュラム全般に組み込まれています。「ゆとり教育」で始まった「総合学習」に新たに「探究」という言葉を組み入れて、人生100年時代にも対応可能な学習内容としています。カリキュラムの面では、理念的なものは設計されたと感じます。しかし、ハードの整備も進められ、カリキュラムも設計されたからといって、新学習指導要領が教育現場に深く浸透するのかというと、そう簡単な話ではありません。ただでさえ教育現場は、「働き方改革」も進まず、仕事が増える一方で悲鳴をあげている状態です。新型コロナウイルス対策では、教育活動全般に注意が求められ、教室の消毒も行わなければなりません。休校中の対応、夏休みの短縮など、現場からは更なる悲鳴がきこえてきます。教育現場はそんな状況で、新しい試みに対応可能といえるのでしょうか。

「ゆとり教育」も理念は良かったと考えますが、なかなか現場には浸透しませんでした。未知の状況が続く中で、「総合的な探究」はどのくらい定着するのでしょうか。これも是非とも考えてみたいところです。

もっとも、教育現場に余裕があったとしても、私は新学習指導要領の達成は困難ではないかと感じています。学校には、一斉、一律の学習スタイル、40人学級、履修主義、横並びの発想、といった構造的な問題が立ちはだかっています。オンライン学習がなかなか進まなかったり、生徒の理解より進度が優先されるといったことは、多くがこの学校のかかえる構造的な問題に起因します。教師のみならず保護者の方々のマインド、学習に対する認識、などなどクリアーすべき点が数多く存在しているのです。本書では、これらの諸問題を掘り下げるとともに、その解決策を模索していこうと思います。

学校で学ぶ子どもたちは、「未来からの留学生」だと思います。「未来」の社会で幸せに生きて、世界が平和に発展していくのに寄与してもらいたいと切に願っています。

この本のテーマである「学校の大問題」を解決するためにも、もっと広く未来の社会全般を構想するためにも、より構造的に物事を認知して、考える必要があります。

そのため本書では、それを日常的に実践し、領域や立場を「越境」して活動する、いわゆるパラレルキャリア[*3]を実現している矢萩邦彦さん、田中康平さん、お二人の力を大いにお借りして、対談や編集の助けをしていただいております。矢萩さん、田中さんはともに、片や学校、片や民間に軸足を置きながらも、自由に越境し教育界全体を俯瞰している活動家です。学校の教育を考える上で、各校ですべてを担う自前主義は捨て、外部の方々とコラボレーションしていくのは、今後の学校運営には必要不可欠であり、様々な学校問題解決の糸口になると考えています。

また「学校の大問題」を解決するためのより具体的なテーマとして、「評価」、「探究」、「I

CT」の三つのテーマを中心に展開しています。特に、三つのテーマの根底にある学習理論たる「ブルーム・タキソノミー」*4が、全編にわたってベースとなっています。このブルーム・タキソノミーを、教育関係者や保護者が真に理解し、実践することで多くの「学校の大問題」は解決できます。

まずは「評価」として、ブルーム・タキソノミーの理論や、実際の教育現場で成功している実例を紹介し、それを踏まえた上で「探究」は矢萩さんと、「ICT」は田中さんとの対談を組み入れて、私の理解が不足している部分を補っています。主観に寄りすぎず、対話の中で理解していくということは、問題解決に向かうために必要なことです。また、問題解決のためには、構造理解が必要で、そのためには抽象的視座が必要だということも本書の中心的なメッセージであります。そのため、抽象的な部分もありますが、できる限り入試問題などの具体例を紹介するなどしてバランスを取っていますので、保護者の方々もお子様への対応の際に参考になるのではないかと思います。最後まで、お付き合いいただければ幸いです。

＊１【ＡＩ】「人工知能」のこと。ＡＩは哲学者ジョン・サールによって、人間の一部の機能を代替する「弱いＡＩ」と、人間全体に取って代わるような「強いＡＩ」に分類された。現在のＡＩは高性能計算機である「弱いＡＩ」のことである。

＊２【ＧＩＧＡスクール構想】（Global and Innovation Gateway for All）。２０１９年12月に文部科学省から発表された児童生徒一人に一台ＰＣ端末と、全国の学校に高速大容量の通信ネットワークを整備し、多様な子どもたちに最適化された創造性を育む教育を実現するという構想。「新型コロナウイルス感染症緊急経済対策」において、２０２０年度補正予算案として総額２２９２億円が計上された。

＊３【パラレルキャリア】経営学者のピーター・ドラッカーが著書『明日を支配する者』（１９９９）で提唱した、本業と同時に副業や社会貢献活動に参加するなど、複数の組織に同時に属することで新しい世界を手に入れ、豊かな人生とキャリアの還元を実現する生き方のこと。

＊４【ブルーム・タキソノミー】１９７３年にアメリカの認知心理学者ベンジャミン・ブルームらによって作成された「教育目標の分類学」を指す。認知領域・情意領域・精神運動領域の３領域が設定されたが、ブルームらによって開発されたのは認知領域と情意領域のカテゴリーのみ。その中でも日本においては認知領域のものだけが引用される傾向がある。本書で紹介するアンダーソンらによる改訂版ブルーム・タキソノミーは、内容知の抽象度による分類や、方法知、メタ認知など高次の思考に焦点を当てて細分化したことに改訂の意義がある。学力の３要素のうち「思考力・判断力・表現力」「主体性・多様性・協働性」は高次の思考によるところが大きい。

（詳細は第３章）

目次

第3章　入試問題の変化と学習評価の構造
――ブルーム・タキソノミーと評価　51

第4章　探究と評価の折り合いをつけるマインドとは　97

第5章 学校における探究型の学びとPBL

――ブルーム・タキソノミーの活用 151

終章　これからの教育でおさえておくべきこと　261

第1章
コロナ禍で露呈した自律できない学校の問題

コロナ禍で起こった三つの問題

コロナ禍ではどんな教育の問題が起こったのでしょうか。学校側と生徒側の二つの視点から考察してみます。

学校に関しては、大きく分けて三つの問題があったと感じています。

第一に「意思決定」の弱さです。一斉休校になる前、2月のダイヤモンド・プリンセス号で新型コロナウイルスの感染拡大のニュースが出ている時に、どの学校も今後の対策に関して頭を悩ませていました。感染症に関して、学校は対応をした経験がないわけではありません。毎年のように流行があるインフルエンザでは、学級閉鎖になることも少なくありません。また、２００９年に猛威を振るった新型インフルエンザの際には、その爆発的な感染力にどの学校も対応に苦慮したことは記憶に新しいです。

各学校とも、いずれ予想される感染拡大、そして若年者から高齢者に感染する危険性があるという情報は把握していました。休校もやむなしとの声は、どの学校からも聞こえていたのです。

しかしながら、意思決定をすることはせずに、各校が連絡を取り合い、「そちらはどうする？」と情報交換をし合いつつ、教育委員会や文部科学省の方針が出るのを待っている状況でした。３月を休校にすれば、学年末試験、それに伴う単位認定、終業式、卒業式といった重要な行事日程が無くなってしまいます。管理職としては、現場からの反発、家庭からの苦情を考えると到底決断できない状況だったのです。悩みながらも決められない状況が続く中で、一斉休校の要請が出たことで正直安堵の気持ちもあったのではないかと思います。「上の決定だから仕方ない」という大義名分ができたのですから。未知の状況に対して、なかなか意思決定できないのが学校の実態だと感じます。

その原因は、リスクを取るというマインドに乏しいことでしょう。しかし、それだけが理由ではないと思います。方法論や経験に乏しく、「意思決定」が困難な組織構造になっていることが、最も大きな原因ではないかと感じます。

第二に「ＩＣＴの遅れ」です。十分なＩＣＴ環境が用意されている学校は正直なところかなり少ないと言わざるを得ません。職員室にはパソコンが配備され、パソコン室には１

クラス分のパソコンは並ぶものの、Wi-Fiなどが校内全体に行き渡っている学校はまだまだ少ない状況だと思います。回線速度に関しても家庭で使用しているレベルのところもあります。文科省の調査（『学校における教育の情報化の実態等に関する調査結果（令和元年度）』）[*1]によると、通信速度が1Gbps以上の学校は14・6%に過ぎません。しかも100Mbps未満の学校が20%を超えている状態です。

さらに、ICTの担当者が「質」「量」ともに不足しています。多くの学校で、ICTの専門家ではなく、学校の中でパソコンに詳しい人を配置しているケースが目立ちます。抜擢された少数の人に多くの仕事や権限が集まり、「○○さんに聞かないとわからない」という状態になっています。気難しい人も多く、下手をして機嫌を損ねれば何も前に進まなくなるという信じられない話も耳に入ってきます。

そして、最も問題なのは、教師のICTに対して挑戦するマインドの低さです。若手のデジタルネイティブ世代はそうでもありませんが、ベテラン教師は正直ICTに関しては腰が引けている状況です。ICTの教育への導入の議論になると、どうしても「やれない」理由から考えがちです。そしてその理由の多くが、「生徒に弱みをみせたくない」からではないかと感じています。自分も同じ世代なのでよくわかりますが、教師になった頃先輩から言われたのは、「生徒たちから一度なめられたら、二度と言うことをきかなくなるぞ」ということでした。ベテラン教師がＩＣＴに関して理解を深めるのは、避けて通れない職員室の課題です。ただ、コロナ禍でのオンライン教育の取り組みで、かなりハードルが下がったことも事実です。

第三に「一方通行型の授業」です。「アクティブ・ラーニング」[*2]という双方向型で、教師が一方的に授業を進めるのではなく、生徒が活発に発言をする取り組みは、ここ数年で以前とは比べものにならないくらい盛んになってきました。しかし、授業全体からすればまだほんの一握りでしかなく、一方通行型の授業がスタンダードな状態が続いています。

休校になり、新学期になるとようやく一部でオンライン授業が行われるようになってきました。慣れない機械と格闘しながら、目の前に生徒もいない状態で、パソコンに向かって授業をするという、各教師の涙ぐましい努力には最大限の敬意を払いたいと思います。教師によっては、夜を徹して授業の動画を撮影したという話も聞きました。

では、授業を受ける側の生徒はどうだったでしょうか。皆様もオンラインで何らかの対話を経験されたと思いますが、一方通行的な内容をどのくらいの時間集中して聞くことができるでしょうか。動画や資料がふんだんに使われていたり、話がよほど面白くなければ、せいぜい15分くらいしか持たないのではないかと思います。教師が練りに練った授業でも、対面でないと理解は十分ではなかったのではないでしょうか。

しかし、たとえ一方通行の話でも、生徒が頭を働かして考える授業は当然あります。テレビやＹｏｕＴｕｂｅも一方的なメディアではありますが、観賞して何かを感じたり、学んだりすることが多々あります。一方通行型の授業の善し悪しは、「学問」なのか「勉強」なのかにあるのだと思います。何かを説明し伝達し、「なぜ？」「どうやって？」と問いかける授業は、「学問」型です。これは問題ありません。問題なのは、「ここはテストに出るから覚えなさい」とか「しっかりと計算練習をしなさい」などと単純作業を強いる「勉強型」の授業です。これは、オンラインではかなりストレスを感じる授業だったのではないかと推察します。

次に、生徒の視点から考えてみます。生徒たちにとっては、コロナ禍で家から外に出られず、友人とも会えないという大変なストレスを強いられた日々であったと思います。しかし、案外在宅で、のびのびと過ごす様子も感じられました。ＬＩＮＥで友人と連絡を取り合うような、コミュニケーションはコロナ禍前から慣れているので、あまり変化もなかったと言います。また、家にずっといて通学時間もないので、スマートフォン一つあれば、ゲーム、SNS、YouTubeで一日を楽しんでいたようです。中学1年や高校1年で新入生としてまだ登校したことがなくても、オンラインでの何らかの学校の取り組みがあれば、LINEですぐにつながり仲間を作っていたのもとても印象的でした。まさにスマホネイティブ世代です。

ただ、生徒たちにとって一番の鬼門は学期末テストでした。中間テストは実施できなかった学校が多く、まとめて学期末テストになったケースが多かったようです。その結果を先生たちに訊くと、二極化が進んだという見解が多かったようです。成績上位の生徒は、通学時間もなく授業による制約も少なく、自分で計画して学習に取り組めたので、高得点を採る傾向があったようです。高校3年生で大学受験を控えている生徒からは、学校がなくて受験勉強に専念できて良かったという声も耳に入ってきます。一方で、成績が下がったのは、中間層の生徒が多かったようです。学校がなくなり、対面で教員や友人からの刺激を受ける機会が奪われたことで、モチベーションが上がらず、成績不振に陥ったということです。ここに、教育におけるコロナ禍最大の問題があるのは間違いありません。

学校教育の本質的な問題とは

コロナ禍の学校に主役である生徒がいないという状況は、学校という存在自体をゼロベースで考える契機となったと思います。授業を考えてみれば、40人学級、対面、チョーク&トーク、といった常識が当たり前でなくなったのです。

卒業式や入学式といった大きな行事、放課後の部活動、遠足や修学旅行といった行事、生徒たちのコミュニティ、といった学校の思い出として、真っ先に思い浮かぶものもすべてがなくなりました。

学校とはどんな場か、教育において、本当のところ何が必要なのか、コロナ禍によって学校教育の本質が問われたと痛感しました。ここで、コロナ禍の学校における問題を本質的に掘り下げてみます。

「意思決定の弱さ」

本来は、学校で物事を決める軸は、「生徒にとって最適で」「教職員がそれを無理なく実現できる」という両輪で成り立っています。しかし現状では、建前はそうであっても本音は異なっているのではないかと思います。

では、本音は何か？　ここには、「責任回避」の発想があるのではないでしょうか。かつて自分が教師になった昭和時代は、学校が決めたことには保護者は従うもの、という不文律があったと感じていましたが、近年では、学校が決めたことであっても保護者から様々な声が寄せられます。学校もある意味当たり前の組織になりました。

ここで言いたいのは、昔は良かった論ではありません。かつての学校の決定には、①生徒にとって最適なものを検討し決めたもの　②目的ははっきりしないが「学校が」管理しやすいという理由で決めたもの、という2通りがあったと思います。後者の場合、目的ははっきりしないものの、「学校が」決めたというのがやっかいです。この「学校が」という言い方は、この業界ならではの言葉なのですが、「責任が誰にあるのかわからないが、然るべき機関で決めている」という意味です。

これがいわゆる学校の前例主義として今日まで残っているもので、決定に様々な声が寄せられても、「前からそうだった」と逃げ切れるカードなのです。前例のない事態、まさに未知なる状況への対応なのですから、試行錯誤しながら最適解をみつけていけばいいと思いますが、学校マインド的には、どうしても「前例」や「横並び」から脱せないのが現状です。

異論が寄せられても、生徒にとって最適という決定をすることに、「もし〜だったらどうする」という声が予想されると、どうしても何かあった時の苦情を考えがちです。「試行錯誤」の場合の「錯誤」の時に何か言われて、下手すれば炎上してしまうことを過度に恐れている面も少なからずあるのですが、「試行錯誤でいいから、やってみよう」とする職場でありたいと思います。

「ICTの遅れ」

生徒との対面でのコミュニケーションは、どの教師もとても大事にしています。対面で何かあった時に、「言ってきかせる」ことで生徒がだんだん変化していくのは、生徒にとっても教師にとっても思い出深いものであり、卒業後も「あの時、先生に〜と言われまして」みたいな話として語られもします。卒業式の時に、生徒から感謝の言葉をもらったりすると、それだけで苦労も吹き飛び、教師になって良かったと思ったりもするものです。

このこと自体はとてもよいとは思いますが、生徒とのコミュニケーションが、すべての生徒に対して多くの局面でカバーされているかというと、そういうわけではありません。

あまり問題を起こさない生徒、教師の意見には忖度して同意する態度だけを示す生徒も当然います。特に、成績優秀で運動も得意といった生徒でも自己肯定感に欠けると感じているケースも多いのですが、そうした生徒とのコミュニケーションをどう取っていくのか、考える必要もあります。

「対面」のコミュニケーションはたしかに大事ではありますが、それだけが絶対ではなく他の手段も大いにあり得ることを認識したいところです。

授業の観点から考えてみます。40人学級で、教師のチョーク&トークだけで、授業が一斉に進められていますが、果たしてどのくらいの割合の生徒が、授業の中味を理解しているのでしょうか。ＩＣＴをうまく活用すれば、授業を繰り返し聞けたり、時としては倍速でみることもでき、効果的だとオンライン学習で感じたりもしました。

英語や数学といった問題演習が多い科目で、問題を解くスピードの違いをどのように解消していくのかは、かねてからの問題でしたが、ＩＣＴを活用して、個人の理解度ベースで個別の問題に取り組むこともできます。

また、授業中「～についてどう考えるか？」という問いに対して、生徒全員の前でうまく発表できる生徒は限られています。自分の意見を述べる機会を失い、もっと言えば、思考停止のままその場をやり過ごしている生徒はどのくらいいるのでしょうか。これもICTを活用することで、自分の考えを端末に表現し、他人の考えを知ることも可能ですし、匿名性を担保することもできます。

「一方通行型の授業」

アクティブ・ラーニングという双方向性の学びは、以前に比べるとだいぶ学校現場でもみられるようになりました。しかしながら、まだまだ大半の授業は一方通行型で実施されている現実もあります。

この問題の根底には、「履修主義」と「修得主義」の違いがあります。日本の義務教育は「履修主義」です。子どもが理解しているかどうかに関わらず、授業に出席していれば卒業できるという考え方です。「修得主義」は、文字通り「修得」できたかどうか、理解してできるようになったかどうかが問われる考え方です。

高等学校は、本来は単位取得の「修得主義」なのですが、必修単位があったり、能力的にばらつきがあったりするので、現実的には授業の出席や課題の提出といった「履修主義」

をかなり取り入れて運用されています。

「履修主義」においては、教科書の内容を等しく教えられることが求められるのが実態で、学年に4クラスあれば担当の教師が異なっても、教える内容に差があると問題になりがちです。

となると、教師にとって、授業は教科書の内容を一年間の進度をみながら一方的に説明した方が、カリキュラムを消化しやすく、アクティブ・ラーニングをふんだんに取り入れると授業の進度に影響が出て、教科書がすべてカバーできないという不安があります。もちろん、わかりやすく教えることに教師は努力していますが、すべての生徒が理解するのは難しく、多くの生徒をわかったような気にさせるのが、いい授業だという考えもあります。

この「履修主義」の問題点が、コロナ禍において表面化しました。休校が続いたので教科書をすべて終える時間をどのように確保するかが問題となったのです。そのために、授業の一日の時間数を増やす、夏期休暇を返上する、行事を削減する、といった子どもたちの生活、もっと言うとコロナ禍で傷ついている心を無視してでも「履修」にこだわる問題が各所から報告されています。これは生徒だけでなく、教師にとっても問題で、分散登校の準備、教室の消毒作業などの業務もありながら頑張っているのが実情です。

40人学級で効率的な人員配置でカリキュラムの消化を目的とする「履修主義」は、抜本的に見直す必要があります。

私がこの本で提唱したい解決策は、これから説明するブルーム・タキソノミーを理解した上で、ICTやオンラインを上手く活用し、教育の在り方や教師・保護者のマインドをアップデートしていくことです。休校中の教育活動は大きなヒントを与えてくれました。次の章では、未来の教育を予感させてくれる学校の事例をいくつか紹介します。

＊1【bps】bits（byte）per secondの略。1秒あたりの情報（データ）伝達速度の単位。

＊2【アクティブ・ラーニング】中央教育審議会による『学士課程教育の構築に向けて』（2008）において提言された、学生の主体的・能動的な学習法。教師による知識伝達を目的とした一方的な講義ではなく、体験学習やディベート、ロールプレイなどを活用した学びを指すことが多い。初中等教育の現場ではオープン教育と呼ばれることもある。

第2章

未来の教育を予感させる学校

休校対応の差から考える

大学のオンライン化とリモートワークに対応する学びとは

コロナ禍、小中高が学校を再開するなか、大学のオンラインによる学びは継続しています。秋学期になっても、一部の講義は対面実施になるものの、大部分はオンラインで実施されると各大学は発表しています。

通学範囲が広く、クラスターが発生する危険性が高い、など多くの理由があるとは思いますが、大学生は大学の対応に大きな不満を持っています。奨学金をもらいながら進学している学生も多く、アルバイトもままならないまま、決して安くはない学費を負担して毎日を過ごしているのです。地方から首都圏に出てきた学生は住居の負担もあり、慣れない地での暮らしでかなりのストレスをため込んでいるとも聞きます。大学の施設を使えないなら施設費をせめて返還してほしいという気持ちはよくわかります。

この状況を踏まえ、大学の存在意義を考えてみます。大学生の大きな悩みの一つは、キャンパスライフが失われていることです。特に、新入生は一度もキャンパスに行けずに、友人もできず、サークルや部活といったコミュニティに所属すらできない状況です。この気持ちはよくわかりますが、大学はそもそも何をする場なのかと考えてみる必要がありま す。もちろん、大学は学問をする場です。

では、彼らにとって、「学問」をする場が提供されているのでしょうか。講義はオンデマンドが多いと聞きます。テキストだけ配信されてレポートが課されることもあるようです。なんとなく内容は想像がつきます。対面でやっていても、大学生の話を聞くと講義の内容にあまり満足していません。それが、オンラインに変わったところで、より満足できないものになるのは間違いないでしょう。ここに、そもそも日本の大学が抱える問題点があります。かねてより「日本の大学は入るのは難しいが出るのは簡単である」と言われてきました。入試は大変だが、入学してしまえば、あまり勉強しなくても、適度に大学生活を楽しんで、最終的に就職できればいいとされてきました。近年の大学生は、以前と比べると真面目です。講義にもきちんと出席し、ノートも取っています。与えられた課題もこなします。しかしながら、「学問」をしているレベルではないと感じています。

欧米の大学では、１学期あたりの履修単位数が少ないものの、課題に出される本の量がものすごいと聞きます。週に７冊から８冊の本を読み込み、内容を把握した上で、自分の考えを述べることを要求されるのです。ブルーム・タキソノミーで言えば、【分析】【評価】【創造】を、毎週のようにあるテーマについて求められるのです。何かのテーマを「学び」、そして「問い」続ける。その過程が「学問」です。ゼミナール形式の講義であれば、学生は自分の考えを述べると、それに対して様々な質問が飛んでくるそうです。それに答え続けることが当然で、そこまで調べていなかったり、考えが及ばなかったりすれば、また学んでくる必要があります。ブルーム・タキソノミーでは、高次思考から低次思考まで戻ってやり直します。この学びこそが、PBL[*1]（＝プロジェクト・ベースド・ラーニング）そのものです。

PBLをオンラインで実践し、全世界が注目している大学があります。それは「ミネルバ大学」という2014年創立、米サンフランシスコに本部のある4年制大学です。全寮制ですが、キャンパスも校舎もありません。学生たちは、サンフランシスコ・韓国のソウル・インドのハイデラバード・独ベルリン・アルゼンチンのブエノスアイレス、英ロンドン、台湾の台北の都市を渡り歩きます。集団で一つの都市にしばらく住んでは、次の街に移っていきます。各都市は先進国あり新興工業国あり、南北アメリカあり東アジアあり南アジアありヨーロッパありと多様で、様々な独自の問題を抱えています。たとえばインドの都市では水問題が深刻かもしれません。学生たちは、現地でヒアリングをしたり研究施設や学校や図書館などを駆使したりして、問題を探り発見していきます。現地の企業や自治体、国際ボランティア組織などとコラボして問題解決のプロジェクトを立ち上げれば、学習はさらに深まっていきます。現地でインターンシップ（就業体験）をする学生もいます。講義はすべてオンラインで行われます。１クラス十数人のディスカッションが中心で、教授はアメリカはじめ世界中からアクセスして、問題提起をしたり学生たちの討論に突っ込みを入れたりして、議論を深めていきます。

いかがでしょうか。ミネルバ大学で実践されているような学びこそが本来の「学問」であり、今、私たちが直面している「教育リスク」を解決するために必要な実践です。その根底にあるのが、次章以降で焦点を当てるブルーム・タキソノミーの理解とＩＣＴの活用なのです。当然のことながら、そのような学びのスタイルは、これからの社会で必要不可欠なリモートワークのスキルにもそのままつながっていきます。

オンラインの授業に今後の教育のヒント

ミネルバ大学は学びにおける世界最先端の一つですが、日本の教育現場においてもそのような教育を目指して動き始めている学校もあります。特にコロナ禍では、私立の中学校・高等学校の動きは目覚ましく、多くの現場で積極的にオンラインを活用した授業が始まりました。早いところでは3月から、4月中には65%、5月初旬には大半の学校が、オンラインでの授業の配信を行いました。一方で、公立の学校は迅速には動けないという問題も露呈しました。

授業の内容としては、オンデマンド型[*2]の配信もあれば、同期型でZoomやTeams[*3]を活用したライブでのものもありました。どの学校の教員も「学びを止めない」を合い言葉に、対面が当たり前であった授業を、一人でパソコンに向かって話し続けるという、教員になって予想もしなかった体験をしました。

オンライン授業の絶対数が増えていくにつれ、大きく二つの傾向が見えてきました。

(1) 従来の授業をオンラインで代替したもの

(2) オンラインではじめて可能になった授業方法に挑戦したもの

大半の学校は（1）で、生徒を想定してカメラに向かって授業をし、その録画を配信するというオンデマンド型でした。そして、一部の先進的な学校は（2）で、アナログ・デジタルの様々な方法を駆使して同期型の授業を展開していました。

今後の教育展開にヒントを与えてくれるのは、当然（2）です。それらの学校に共通してみられたのは、次の4点です。

①一方通行型の授業スタイルではなく、対話型を積極的に取り入れている
②ＩＣＴが授業で日常的に使用されている
③ブルーム・タキソノミーなど本質的な評価軸について議論が交わされている
④組織としての意思決定が迅速にされている

この4点が文化として定着している学校は、スムーズにオンラインに移行でき、それに留まらず、新たな地平を開拓しました。

（2）について私が実際に拝見した、いくつかの事例を紹介します。

21世紀型教育機構に所属している学校

私が幹事を務める「21世紀型教育機構」は、２０１１年に仲間たちと立ち上げた「21世紀型教育を創る会」から始まり、現在は十数校が加盟する組織として活動が続いています。

２０１１年は東日本大震災があった年です。この時にも教育現場にいた私たちは、これまでの教育とは何だったのか、本当に必要な教育とは何だろう、という疑問を突きつけられ、教育が大きな転機を迎えていると思わずにはいられませんでした。

そこで私たちは未来について考え、これから直面する様々な問題に対応できるのはどんな人材か、どう教育すればそんな人材を育てることができるのか、模索をはじめ、グローバル化時代に必要な英語教育、ＩＣＴの進展に対応する情報教育、自ら課題を発見し解決していくＰＢＬなどの研究を重ねました。一つの学校だけがものを言っても世の中は動かないので、何校かで集まって新しいムーブメントをつくっていこうとしたのです。

この時からの活動は長い年月をかけて熟成してきました。当初、各校のトップが教育方針を示していった段階から、教師の中で運営の中心となるメンバーが誕生し、職員室に動きを広め、そして今日では生徒たちにもすっかり浸透してきたように感じます。

このようなコンセプトと歴史を持つ21世紀型教育機構ですので、その加盟校は休校になってから、即座にオンラインでの学習環境が整備されました。早い学校では2020年3月からオンラインでの学習が始まったのです。

機構としての活動も止まることはありません。4月には加盟校のオンラインでの会議が開催されました。その後も積極的にオンラインによるワークショップが開催されています。7月には、「英語哲学オンラインセッション」「PBL/STEAMオンラインワークショップ」が各校からの参加生徒を含めて実施されました。

8月23日には、「中高生によるオンラインプレゼンテーション」が各校の参加者によって行われました。テーマは、「幸福度が高まる世界のデザインとは?」です。まさにPBLそのものの発表です。

「使い捨てビニール袋をおしゃれなエコバッグに変身させる、といった楽しみながらエコをデザインする」「パラスポーツを通じて世代間のつながり、あるいは障がい者と健常者が一つになるような社会を構想する」「スマートフォンやSNS、電子書籍、そしてクラウドファンディングなど、現代特有のツールやサービスを用いることで、発展途上国を救う」

生徒たちは、パワーポイントを使いながら、Ｚｏｏｍ画面にもうまくバーチャル背景を使うなどしてデザインしていました。

私は審査員をしていましたが、各校の生徒たちが日常の学習を超越した動きをしていることに大変驚かされました。

聖ドミニコ学園

私がカリキュラムマネージャーとして関わっている聖ドミニコ学園は、Sustainability(持続可能性)・Design(デザイン力)・Connect(つながる)を土台として掲げ、女子校の伝統校でありながら積極的に新しい教育にチャレンジしています。

《オンラインでのホームルーム》

朝定時になると、画面にクラス全員と教員が入室してきます。新鮮なのは、各自の顔が見えることです。日常では、全員が前を向いているので空気は共有できますが、お互いの表情はわかりません。教員から話がありますが、いわゆる何でもないような話が、生徒たちの安心感をよぶようで、表情が明るくなっていくのがわかります。伝達事項も画面共有をうまく活用していると、とてもわかりやすいです。生徒もわからないことがあれば、チャット機能を活用して、教員に質問しており、タイミングをみて教員が質問に答えていました。

この取り組みを通して、「対面とは何かの見直し」「伝達事項の明確さ」「生徒の質問のしやすさ」といった点に関して気づきを得た教師が多かったようです。

《授業の分割》

英語の授業で、通常は日本人とネイティブのチームで教えています。二人の教員が担当している利点を活かして、クラスを　①ネイティブ教員と会話をするグループ　②配信されたＤＩＣＴＡＴＩＯＮ（英語を聞き取って文字におこす学習法）を実施するグループ　③英会話で使う単語や文例を配信された課題に取り組むグループ　の３グループに分けてローテーションして行いました

通常の授業だと、冒頭に一斉にＤＩＣＴＡＴＩＯＮを実施。その後に英会話の実践となりますが、その前後に会話で使う単語や文例を教える時間があります。オンラインの実施でいいところは、グループ分けをすることで人数が減るので一人ひとりが発言しやすくな

り、話せる時間も多くなることです。スカイプを活用した英会話授業もあるように、オンライン英会話は対面よりプレッシャーがなく空間を超えられるのが最大の利点です。その内容を支える単語や文例を学ぶ時間が設定出来ること、各人が自学自習するスタイルを作れること、家庭学習の内容を授業でカバーできることも利点と言えます。

他の授業では、分割の逆に集中も行われ、学年全体で授業を受ける場面もみられました。これは教員が主導で説明する時には、教室の枠を超えられるメリットもあります。

札幌新陽高校

札幌新陽高校は、「本気で挑戦する人の母校」をスローガンに掲げ、ソフトバンク社長室室長だった荒井優さんが学校長を務めています。

特筆すべきはオンライン体験学習で、「オンラインSHISHOKU会」と名付けられたイベントが開催されました。自宅にいる高校生とその道のプロ（＝師匠）をつなげ、普段は聞くことができない仕事の話を聞く企画で、参加者には牛乳を飲んでもらう（＝試食）、地元応援型のプロジェクトでした。

休校になり給食の停止や飲食店の休業で牛乳の消費が落ち込んでいた時期であり、世の中の状況に高校生たちも積極的に関与してもらいたいというねらいがありました。

授業の内容は、北海道で最新のスマート酪農をやっている方、福島で震災を乗り越えて酪農に取り組んでいる方、そして牛乳の流通にかかわっている方、の三者をオンラインでつないで話を聞くというものでした。

忙しい外部の方をオンライン環境でつなぐことで、実際の農場の様子をみながら話を聞け、生徒たちはとても関心をもったようです。授業は外部にもオープンにされ、他校の高校生や教育関係者、海外から参加している高校生もいました。

オンラインを最大限に活用した取り組みで、忙しいプロの大人の仕事ぶりに触れられたのは、高校生たちにとって大きな刺激になると感じました。

なお、この授業をコーディネートしたのは、株式会社アクティブラーニング代表取締役社長の羽根拓也さんです。外部の方との積極的なコラボレーションの取り組みは今後の教育にとって大変重要な視点だと思います。

新渡戸文化学園

新渡戸文化学園中学校では、公立高校から転職された山本崇雄教諭が統括校長補佐として、教育デザインの役割をしています。「幸せを創る人（ハピネスクリエーター）の育成」を教育目標として、教室に閉じこもるのではなく、外側の社会に目を向けてもらうおうと、様々な業界で活躍する大人たちに授業を行ってもらう取り組みを始めました。

特別授業では、生徒たちがＺｏｏｍのブレイクアウトルーム[*4]で、参加した大人たちに対する生徒たちからの自己紹介に始まり、現在自分がもっている問題意識を語り、今後探究していくことを考えていくという内容でした。生徒２人に大人が１～２人ついて、生徒の話を大人が聞き、それに対して否定することなくフィードバックをするというスタイルでした。

参加した大人の大半は、山本教諭がＦａｃｅｂｏｏｋなどで呼びかけて集まったボランティアでした。多種多様な大人たちが、子どもたちの話が聞けるいい機会だということで、集まっていたのが印象的でした。学校まで出向くのはたいへんですが、隙間時間にオンラインなら可能という人も多く、うまく特別授業を展開していたのが印象的でした。

山本教諭は、「共感的コミュニケーション」と「共創」を大事にされています。生徒たちが、安心して話ができる、お互いが安心して対話ができる、そんな状態が最も大事としているのです。休校中で満足に外に出ることもできず、友達とも対面では会えない日々で、ストレスがたまる状態ではあっても、大人とも落ち着いて対話ができるのは、日常から場作りがしっかりされているからだということがわかります。共感的なコミュニケーションが成り立つからこそ「共創」が成り立つ、なるほど納得です。今後の教育に救いを感じたひとときを共有させていただきました。

越境する子どもたち

ここまで数校のオンラインでの取り組みを紹介させていただきました。すべて私自身も実際に参加させていただいたものですので、実態をそのまま書かせていただいております。これらの活動を見て感じるのは、各校とも日頃の教育カラーがよく出ていることです。組織としてこだわっている教育方針は非常時だからこそ、表面化するのでしょう。

その他、かえつ有明高校の生徒たちからは、オンラインのセミナーを依頼されたり、ワークショップの参加のお誘いもありました。彼らは、学校の先生が絡むことなく、独自にSNS上で発信をして、人を集めていました。所属はいろいろで、まさに越境した新たなコミュニティがオンライン上で形成されていたのが印象的です。この動きは今日も続いており、新たな展開も今後期待されます。

次の章では、今後求められる力として、教育目標の軸をブルーム・タキソノミーを使いながら説明していきたいと思います。新学習指導要領をどのように解釈して現場で用いたらいいのか、そして大学入試問題の変化も盛り込んでお話ししたいと思います。

＊1【PBL（＝プロジェクト・ベースド・ラーニング）】（Project-Based Learning）。アメリカの教育学者であるデューイが1910年に『われわれはいかに考えるか』で提唱した問題解決の過程において反省的思考が働き、それによって新たな知識や能力、態度が習得されるという学習方式。結論よりも過程と振り返りを重視した。

＊2【オンデマンド型】インターネットを活用して音声や画像を提供するサービスのことを指す。教育文脈ではカリキュラムに沿って単元毎に作成された授業動画を配信することを指すことが多い。自分のタイミングで視聴できるが、アクティブ・ラーニングにするためには動画以外の工夫が必要。

＊3【ＺｏｏｍやＴｅａｍｓ】オンライン会議ツール。インタラクティブなやり取りが可能なため、より対面の授業に近い形で授業を行うことができるが、手もとが見えにくかったり、教師に相応のスキルが必要など、現状では課題も多い。

＊4【ブレイクアウトルーム】オンライン会議ツールの機能の一つで、参加者を別々のセッションに分割してグループワークを可能にする機能。

第3章
入試問題の変化と学習評価の構造
——ブルーム・タキソノミーと評価

（1）じゃんけんの選択肢「グー」「チョキ」「パー」に、「キュー」という選択肢も加えた新しいゲームを考えなさい。解答は、新ゲームの目的及びルールを説明するとともに、その新ゲームの魅力あるいは難点も含めて、601字以上1000字以内で論じなさい
（2018年度早稲田大学スポーツ科学部小論文問題より）

（2）発明や発見は人間の独創的な活動によってもたらされ、新しい価値を生み出し、社会に様々な価値を与えてきた。これまでの社会の歴史のなかで、あなたが特に独創的と感じた発見や発明を一つ取り上げ、なぜそう感じたのか述べなさい。また、あなたにとって真の独創性とはどのようなことか述べなさい
（2018年度東京大学工学部推薦入試小論文課題より）

読者の皆さんは、これらの問いにどう答えるでしょうか。このような問いに答えられる力こそ、これからの時代に必要な「生きる力」といえます。

本書では、なぜこのような問いに答える力が必要とされているのか、そして、どのようにしてそのような力を養い、また評価していけば良いのかについて多くの事例を挙げながら考えていきたいと思います。

自粛から自律へ

この本の中で最も訴えたいのは、私たちは「自粛」を経て「自律」のステージへ移行する必要があるということです。コロナ禍では、日本人のコロナ対策としての「自粛」行動が話題になりました。まずは、この「自粛」に焦点を当てて考えてみたいと思います。海外の多くの地域に比べて、「日本人は自粛できる」という印象が強かったと思います。この背景には日本の今までの教育が大きく影響しているのではないかと感じています。日本人の「自粛」行動を考えてみます。

日本のことを俯瞰的に見るためには、まず日本を一歩出て、海外から日本を客観的に見る必要があると思います。私は、小学校の時に親の転勤にともなってアメリカで２年あまり生活をしました。40代の頃、やはりアメリカの日本人向けの学校に勤務したこともありました。その後、かえつ有明中・高等学校に勤務している時に、帰国生の募集や教育視察のために海外を訪問する機会もかなりの回数ありました。

いったん目線を海外に移して日本を見てみると、今まで見えてこなかったことがわかります。まず日本の社会が優れていると思う点は、何事も正確に行われていることです。交通機関は、分刻みで時間通りに動きます。お店に入ってもレジで打ち間違いを心配しなくてすみます。タクシーはドアも開けてくれます。言葉が通じる、気持ちが通じる、だけでなく行動面における安心感があります。

この状態は、日本社会が長い期間をかけて築き上げてきたものであることは間違いありません。そして、手前みそになりますが、日本の学校教育システムが大きく貢献していると思います。

日本社会に感じる「心地よさ」は、大別すると二つあると感じます。

一つは、「何事も正確に動く」ことです。これを実現するためには、指示されたことを「期限内に指示通り仕上げる力」が必要です。もう一つは、「おもてなし」の心です。相手がしたいと思っていることを、「さりげなく慮《おもんぱか》る力」と言えばいいでしょうか。

この二つは、海外でもないわけではないのですが、やはり日本において顕著に見られるもののように思います。

この二つの「心地よさ」と学校教育との関わりを考えてみます。あくまでも私の主観ではありますが、今まで見聞きしてきた多くの教育現場で重視されていたのは、以下の3点です。

①規則を守る
②定期テストを頑張る（これは部活の大会や学校行事にも当てはまります）
③集団における「和」を重視する

コロナ禍での「自粛」。緊急事態宣言のもと、「人と人との接触を8割減らす」という指針が出ました。欧米のような強力な法的根拠のあるロックダウン（都市封鎖）ではなく、あくまでも「自粛」の「要請」です。にもかかわらず、日本人は程度の差こそあれ、「自粛要請」をかなり守ったのではないかと思います。「指示されたことは守る」ことができる国民です。これは素晴らしいことで、少なからず学校教育の成果ではあるでしょう。ずっと日本に住んでいるとその価値に気づくのは難しいのですが、指示されたことを普通に守れない（守ることに価値を置いていない）人々は世界にはたくさんいます。

この本の原稿を書いているのは、緊急事態宣言が解除され、「新しい生活様式」が推奨されはじめた2020年の秋です。コロナウイルス感染を防ぐための新しい生活様式に切り替えながらも、3密を避けつつ経済活動を続けなければならないといった非常に難しい対応が国民に求められています。

この「自粛」は自分自身だけの問題ではありません。自分を守りつつ、周囲も守らねばなりません。そのためにはお互いに行動や価値観を確認して、自分と他者の「心地よさ」のバランスを取って行く必要があります。このまさしく正解のない問いが、私たちに日々突きつけられているのです。

自分のとるべき行動を自分で考える。言葉で表せば、シンプルではありますが、「自粛」を乗り越えて、「自律」のステージに立つことが求められる時代になっています。

新学習指導要領は「自律」した日本人の育成を目指す

新学習指導要領は、2020年から小学校、21年から中学校、22年から高校で施行されます。この新学習指導要領はどんな流れで誕生したのかを簡単に振り返ってみます。

１９９６年に中央教育審議会は、文部大臣から「21世紀を展望した我が国の教育の在り方について」の諮問を受け、以下の答申をしています。

「我々はこれからの子供たちに必要となるのは、いかに社会が変化しようと、自分で課題を見つけ、自ら学び、自ら考え、主体的に判断し、行動し、よりよく問題を解決する資質や能力であり、また、自らを律しつつ、他人とともに協調し、他人を思いやる心や感動する心など、豊かな人間性であると考えた。たくましく生きるための健康や体力が不可欠であることは言うまでもない。我々は、こうした資質や能力を、変化の激しいこれからの社会を《生きる力》と称することとし、これらをバランスよくはぐくんでいくことが重要であると考えた」

とあります。今から20年以上前に書かれたものではありますが、今日にも十分通じる内容であり、「自律」した日本人の姿を描いています。

この答申を受けて、いわゆる「ゆとり教育」が始まります。しかしながら、「ゆとり教育」

はなかなか現場には簡単に根付かず、学力低下論が出るなどしながら、教育現場の混乱が続いていきました。

その後、第二次安倍内閣が誕生し、教育改革の在り方が今一度俎上に載ります。第二次安倍内閣は、「21世紀の日本にふさわしい教育体制を構築し、教育の再生を実行に移していくため」内閣の最重点課題の一つとして教育改革を推進するとしました。

政財界とつながりが深い安倍内閣は、どのような人材を社会が求めているかを検討しました。その結果、長年言われてきたことではありますが、急速に進むグローバル化の中で世界を相手に活躍し、クリエイティブな発想ができる人物を育成する必要があると考え、教育内容を改革する必要があるとしました。

議論の結果、教育改革を実行するには、高校の教育が変わる、大学の教育も変わる、そしてその接続である大学入試も変わる、といった三位一体の高大接続が重要とされました。高大接続を具体的に進めるものとして、センター試験の改革が進められ、大学入学新テストとして新たに発足し、英語の民間試験導入と国語・数学の記述式の導入が決まりました。

しかし、50万人を超える受験生に対応するものとして、制度設計に問題があり、新たに

新学習指導要領の3本柱

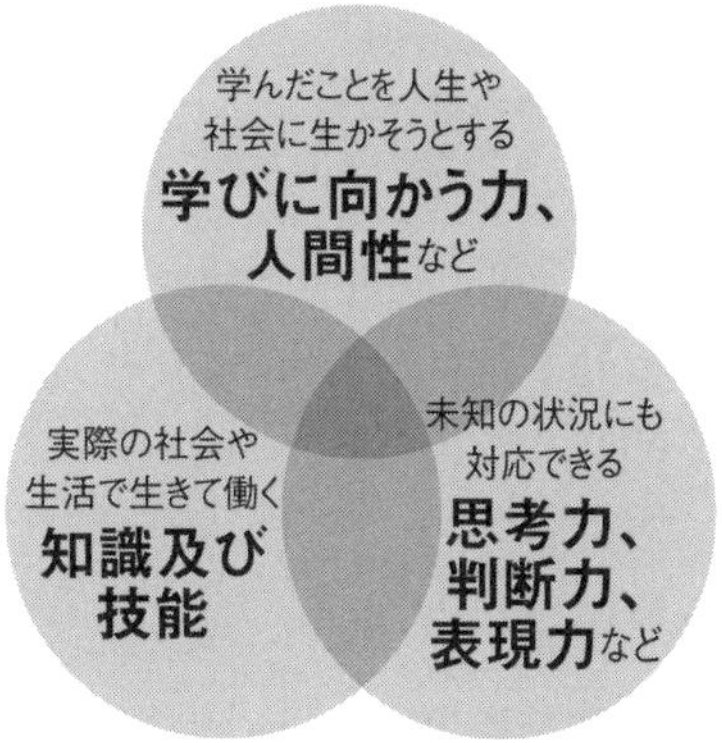

導入される予定であった英語の民間試験と国語・数学の記述の問題に関しては、見直されることになりました。

しかしながら、改革は大学入試だけではありません。小学校から高校までの教育内容の改革も大きな柱の一つであり、新学習指導要領が検討されます。検討をしている間もＡＩやロボットなど技術の進化のスピードは激しく、現在の子どもたちが生きる社会は劇的に変化していくことが予想される状況となりました。小学校からの12年間の教育の中で、今後の社会に生きていく上での資質を獲得することを目的とした新学習指導要領は完成しました。小学校の今年の教科書をみると新学習指導要領の精神は十二分に盛り込まれており、今後の教育は確実に変化していくことは間違いありません。

２０２０年度からの新学習指導要領では、子どもたちが学校で学んだことは、学校で完結するものではなく社会に出てからも十分活用できるもの、そして未知の状況にも対応できるもの、とされています。

従来型の学習では、必要なことを要領よく暗記する能力や、単純に知識の多さ、スピーディーで正確な処理能力が求められていました。この学習における短期スパンのゴールは、定期テストでした。そして延長戦上に入学試験や、就職活動が存在しました。テストのために「勉めて強いられた」ことを、社会に出てからも再現する力が重視されてきたのです。

この従来型の学習で得られる力を超越する存在が登場します。ＡＩです。一人の人間が生涯にわたって獲得できるであろう知識を一瞬で取り込んで、データ化することが可能になりました。

AIにできない10の能力

創造的	自己決定能力	自分で価値を決め、判断する能力
	自己言及能力	前提や構造、自分自身を疑う能力
	仮説思考能力	仮説を作り検証する能力
	目的設定能力	柔軟に水平思考をする問題発見能力
社会的	組織運営能力	絶妙なマネジメントとコミュニケーション能力
	規則運用能力	ルールを作成して調整しながら運用する能力
	環境適応能力	変化する環境に対して調和的な関係を見出す能力
基礎的	自己生成能力	不確実性の中で臨機応変に能力を獲得する能力
	意味づけ能力	存在意義を設定してチャンキングやナラティブ化する能力
	芸術表現能力	非言語の表現あるいは言語による芸術的な表現能力

©Kunihiko YAHAGI/教養の未来研究所2019

　しかし、現状のＡＩがいくら発達しても、構造的にできないことがわかっています。図は、矢萩邦彦氏がＡＩ研究者の[*1]松田雄馬氏とまとめたＡＩにできない10の能力です。

　これらの能力を鑑みて、ＡＩと共存する時代に、人間が学習の中で獲得したい力は次の五つの力と考えます。

①想像する力
②根拠を言語化する力
③クリティカルシンキング
④意思決定力
⑤共有する力

その五つの力について、それぞれ説明します。

①想像する力

人は何か「問い」が与えられた時に、頭の中でいろいろなことを思い巡らします。その時にベースとなるのは、自分がそれまで獲得してきた知識や経験したことだと思います。頭の引き出しの中にあるものを組み合わせながら、答えを探します。もちろん、グーグルの力を借りることはできますが、ゼロから借りるのと補完するのとはまったく異なります。「知識か思考か」という議論が教育現場でよく話題になりますが、これはナンセンスです。知識と思考は本来不可分なものであり、両方があって初めて生きている上で役に立ちます。知識だけで役に立つのは、テストだけです。

②根拠を言語化する力

何故、その「答え」になったのかを言葉にできるかどうか。根拠があるからこそ、「答え」を出した後にフィードバックすることができます。そして、自己完結でなく他者とその「答え」を共有することができます。

ＡＩの判断の根拠は、現時点ではまったくわからないとされています。膨大なデータから「答え」を出すものの、「何故そうなのか」に関しては沈黙しています。ＡＩの出した「答え」の根拠を人間が想像して言語化しないと多くの人には共有することができないことは、十分おわかりになるでしょう。

③クリティカルシンキング

最近ようやく日本の社会でも普通に使われるようになったと感じますが「批判的思考」という訳語には誤解をよぶところがあるのではないかと常々思います。特に、教育現場では教えたことを否定されるように感じる教師もいるのではないかと思います。

欧米では「クリティカル」というと決して否定的な意味ではなく、むしろ前向きで建設的な考え方とされています。物事の見方を変えてみたり、俯瞰的に見たり、「本当にそうなのか」とそもそもの部分から見つめ直してみたり、といった考え方です。クリティカルに物事を見ることで、往々にして新たな発見があったりするものです。

コロナ禍での日常は、まさにクリティカルな発想で行われていることが多いのではないでしょうか。在宅勤務、オンライン学習、オンライン飲み会など、なかったわけではないますが、それまでの日常では珍しかったものが、生活の中心を占めるようになりつつあります。

クリティカルシンキングは、思考するすべての局面で必要です。自分自身が考えていることを、目線をちょっと変えて俯瞰した位置から見てみる。自分が作ってきたストーリーは、もしかしたらどこか違うかもしれない、もっといいものがあるかもしれないと考える。細部をチェックしていくと同時に全体も俯瞰して構造的にとらえなおす。これらの力が、生涯役に立つ力であることは間違いありません。

④意思決定力

正解のない「問い」ですので、最後は自分の頭で決める力が大事です。人間には、意思があります。「美学」もあるでしょう。

当然のことながら、AIは膨大なデータから確率の高い「答え」を出してくるでしょう。それは参考にはなると思いますが、あくまでも参考でしかないのも事実です。全く同じ条件の局面など、存在しないのです。

⑤共有する力

自分自身で考え抜いたことですべてが自己完結するならよいのですが、そんなことはほとんどないと言っていいでしょう。何かを行動に移していくには、他人と関わらざるを得ないのです。ですので、言葉にして相手に伝えて納得してもらうことが、最後の最後に必要不可欠となります。

人が納得するには、「相手との信頼関係がある」「論理的である」「感覚的に訴える」といったポイントが重要となります。ただし、論理的であることと感覚的なことは矛盾することも多く、必ずしも三つすべてが必要ではありませんが、常にこの三つを意識することが大事だと感じます。

これら五つの力に関して、保護者による子どもの学校選びを例に考えてみます。

まず、保護者が学校に関して持っている知識や保護者自身が学校教育で得た経験をベースに学校選びが始まると思います。そして、我が子の人間性を見ながら「想像力」を働かせます。もちろん、自分が持っている学校や教育情報は過去のものですから、最新の情報をインターネットや本で調べたり、説明会に足を運んだりするでしょう。

「どの学校が自分の子どもにとってよいのか」という正解のない重要な問いを「想像」しながら考えます。

そして、根拠をもった意思決定を行います。夫婦で意見を共有するとともに、当事者としての子どもと共有する。ある学校を選び、その理由を言葉にする。それには、上記の五つの力がいずれも必要だということがおわかりになったと思います。

私たちは、未来に何が起こるかまったくわかりません。コロナ禍を経て、そのことに改めて気づかされた人も多いでしょう。中でも、人生の岐路となる「就職」や「結婚」といった大きな決断であればあるほど、正解はありません。

未来を想像しながら、意思決定をするしかないのです。人生は意思決定の旅そのものですね。

そして、意思決定の旅は、時として大きく道に迷い、なかなか抜け出せない迷路に入り込むこともあります。また、時としてとても楽しい最高の気分をもたらしてもくれるでしょう。

計画された偶発性理論

計画された偶発性は以下の行動特性を持っている人に
起こりやすいと考えられる。

1.好奇心［Curiosity］

2.持続性［Persistence］

3.柔軟性［Flexibility］

4.楽観性［Optimism］

5.冒険心［Risk Taking］

スタンフォード大学のジョン・D・クランボルツのキャリア理論に「計画された偶発性理論」というものがあります。簡単にまとめると、個人のキャリアの８割は予想しない偶発的なことによって決定されるので、その偶発的なことを計画的に導くことで自分のキャリアをよりよいものにしていこうというものです。

迷い込んだ時やうまくいった時の経験を活かすために、振り返るチェックポイントがあればあるほど、意思決定の精度は上がっていくことは間違いありません。

これからの記述式問題

さて、ここで改めて冒頭の問題を考えてみたいと思います。

（1）じゃんけんの選択肢「グー」「チョキ」「パー」に、「キュー」という選択肢も加えた新しいゲームを考えなさい。解答は、新ゲームの目的及びルールを説明するとともに、その新ゲームの魅力あるいは難点も含めて、６０１字以上１０００字以内で論じなさい。

（２０１８年度早稲田大学スポーツ科学部小論文問題より）

（2）発明や発見は人間の独創的な活動によってもたらされ、新しい価値を生み出し、社会に様々な価値を与えてきた。これまでの社会の歴史のなかで、あなたが特に独創的と感じた発見や発明を一つ取り上げ、なぜそう感じたのか述べなさい。また、あなたにとって真の独創性とはどのようなことか述べなさい。

（２０１８年度東京大学工学部推薦入試小論文課題より）

ここ数年の入試問題のなかで、この二つの問題はとても興味深いものです。（１）の問題は、スポーツ科学部らしい切り口の出題です。スポーツは、ゲームであり、ルールが必要です。どんな学生が欲しいのかが見える問題です。（２）の問題も、東京大学の工学部が求めたい人物像がよく見える問題と言えます。大学で研究して、発明や発見をする意欲のある学生を求めており、なおかつ、価値観も問う良問です。

では、前述した五つの力にこの入試問題が対応しているかを検証してみます。

①想像する力

新しいゲーム、新しい価値を想像する力が問われています。「じゃんけん問題」は今まで経験したことや経験してないことも含めて様々な状況を頭の中で「想像」することから始まるでしょう。

「発見発明問題」は、歴史を紐ときどんな発明や発見、それはどんな価値を生み出したのかを考えながら、未来の社会を「想像」することが求められます。

「そうぞう」する力とは「想像」し、「創造」すると言われることがありますが、まさにその流れがわかる二つの問題と言えます。

②根拠を言語化する力

「目的」、「なぜ」という言葉が各問には入っています。根拠を明らかにすることが採点の上でも大きな分かれ目になると考えられます。

③クリティカルシンキング

「じゃんけん問題」では、その「難点」を説明しないといけません。「発見発明問題」では、単に新しい価値ではなく、「真の独創性」ということで、俯瞰的に「発明、発見」をとらえて、述べることが求められています。

④意思決定力

二つの問題とも想像、思考した上で、自分の意見を問う内容となっています。

小論文として、採点されるわけですので、当然納得感があるかどうかは採点にも大きく影響すると考えられます。

⑤共有する力

次に共通テストがどのようになっていくのかについて考えてみたいと思います。共通テストの国語の記述式の問題例として、次頁のような試行テストが実施されました。

寺田　市内五校の部活動の終了時間がどうなっているか、まとめてみました。【資料②】です。
森　別の資料もあります。【資料③】です。新聞部が去年の「文化祭特別号」で、部活動についてまとめた記事です。
島崎　ありがとう。では、これらの資料を基にして、部活動の終了時間の延長を提案してみましょう。
森　ちょっと待ってください。提案の方向性はいいと思うのですが、課題もあると思います。[イ]
島崎　なるほど、そう判断される可能性がありますね。それでは、どのように提案していけばいいか、みんなで考えましょう。

〜

問3　空欄[イ]について、ここで森さんは何と述べたと考えられるか。次の(1)〜(4)を満たすように書け。
(1)　二文構成で、八十字以上、百二十字以内で書くこと(句読点を含む)。なお、会話体にしなくてよい。
(2)　一文目は「確かに」という書き出しで、具体的な根拠を二点挙げて、部活動の終了時間の延長を提案することに対する基本的な立場を示すこと。
(3)　二文目は「しかし」という書き出しで、部活動の終了時間を延長するという提案がどのように判断される可能性があるか、具体的な根拠と併せて示すこと。
(4)　(2)・(3)について、それぞれの根拠はすべて【資料①】〜【資料③】によること。

(「平成29年度試行調査 国語」より抜粋)

「二文構成」で、一文目の書き出しは「確かに」、二文目の書き出しは「しかし」と指定されています。そして、一文目は「基本的な立場」について根拠を二つあげ、二文目は「判断される可能性」を根拠とともに答えないといけません。

最大で１２０字の中に書き出しが指定されて、二つの文章で、そして根拠が二つ、一つと全体で根拠だけでも三つあげないといけないのです。

この問題では、どのような力が求められているのでしょうか。

専門家の方によると、対策次第で簡単に書けるようにはなるそうですが、そこまで対策をして書けるようになった能力とは、将来どんな場面で役に立つ「思考力、判断力、表現力」なのでしょうか。

共通テストでの記述式採用の問題点は、50万人にもなる受験生がいて、自己採点というシステムが組み込まれている、といった制約条件があるにもかかわらず、記述式導入ありきで進められてしまったことです。受験生が確実な自己採点をできるようにするため、記述に「しばり」を徹底的にかけることでほぼ同じ解答になるような問題設定となってしまっているのです。

このような問題を扱う上で、最も教育の上で難題となるのは「評価」です。次に評価についてお話ししましょう。

評価方法

子どもたちは、評価にしばられています。一方、大人はどうでしょうか。評価をする側の教員も、評価にかなりしばられています。保護者もまた教員の子どもに対する評価にしばられていると感じます。

学校生活がどんな様子かを判断するのに、通知表の役割は絶大だと思います。教科とその5段階（100点法もあるでしょう）の数字でそれまでの学習内容が評価され、数字のいい悪いで子どもも保護者も一喜一憂です。それだけでなく、相対的な評価として「クラス内の順位が何番くらいか」という点にも大きな関心を持つご家庭が多いと思います

一方、教員はどうかというと、授業を持っていれば、大きな関心事は定期テストです。たとえば中高の場合、定期テストで6割から7割の平均点になることを意識して、テスト

範囲までの進度を他のクラスとそろえ、子どもたちの出来具合を想像しながらテストを作成し、採点しています。子どもたちの努力の具合、理解度が反映した結果になるように心がけており、教員生活が長くなればなるほど、クラスで授業を行っていると大体予定通りの平均点に着地するようになります。

定期テストを実施し、数日内にクラス全員の答案を採点して返却することも求められており、そのために採点がしやすい問題が好まれ、長い記述などの問題は回避されがちになっている現状もあります。

平均点があまりに高かったり低かったりすると、学校によっては是正することを求められることもあり、もちろん保護者からのクレームも容易に想像がつきます。

これだけ大きな影響がある定期テストですが、前述したこれから必要となる力がどのくらい反映されているかを考えてみましょう。

五つの力のうち、「想像力」のベースになる知識とその理解は、ある程度はカバーされています。もう一つ、「根拠を言語化する力」に関しては、因果関係や理由をきく問題もありますので、ある程度はカバーされると考えられます。しかし、５つの力を総合的に見ると、定期テストで獲得する力だけでは、正直不十分です。それに加えて、通知表の記載では、観点別の評価はあるものの、子どもたちのどのような力が何の基準で評価されているのかはなかなかわからないのではないでしょうか。

eポートフォリオ

一方で、生徒の活動の記録を取りまとめて入試に役立てようとする動きもあります。

「JAPAN e-Portfolio」の概要に関して、文科省のホームページでは以下のように記載されていました。

「JAPAN e-Portfolio」は、各大学の入学者選抜において卒業認定・学位授与の方針・教育課程編成・実施の方針を踏まえた入学者受入れの方針に基づいて「学力の3要素」を多面的・総合的に評価するために活用すること、及び高等学校教育、大学教育の質の確保・向上に向けた取組みに活用されることを目的に、文部科学省より「JAPAN e-Portfolio」の運営を許可された一般社団法人教育情報管理機構が提供するサービスです。本サービスでは、高校生活における学校の授業や行事、部活動、取得した資格・検定や学校以外での活動成果を記録し、今後の学び・成果につなげていくための振り返りと、蓄積した「学びのデータ」を個別大学の出願等に利用することができます。

ポートフォリオとは、元来書類を入れるケースを意味します。それが転じて、金融においては金融投資における「金融商品の組み合わせ」を示したものを指します。クリエイターにとってポートフォリオとは自分の作品集をまとめたもので、自分の活動履歴を編集して外の人に示す意味合いがあります。

高校生にとってのポートフォリオは、クリエイターのものに近いと言えます。自分の学生時代の活動履歴を学習だけではなく、広く活動をしたことを記録して、自己アピールできるものとされています。

「JAPAN e-Portfolio」では、高校生が以下の記録ができるとしています。なお、「e-」がついているのは、データとして端末に蓄積できることをあらわしており、ＩＣＴの時代ならではの意味合いも当然あるのです。

自分の活動成果や学びを記録

学校の行事や部活動などでの学びや自身で取得した資格・検定、学校以外での活動の成果を記録することができます。

活動成果や学びを振り返る

どのような種類の学びに取り組んできたかを振り返り、今後どのような学び・成果につなげていくかの参考として生徒自身で確認が可能です。

蓄積した「学びのデータ」を、大学へ提出

高校生活の中で蓄積した「学びのデータ」を「大学提出用データ」としてまとめ、個別の大学へ提出、入試等で利用することができます。

高校生が学校内外で活動してきたことを、スマートフォンなど手持ちの端末で記録します。それらの探究活動のレポート、表彰状、ボランティアの活動歴、検定の結果などをまとめて大学にデータとして提出するのです。

「JAPAN e-Portfolio」は定期テストの評価を中心とする内申点や入試における一発勝負の点数でなく、多面的に幅広く高校生活での活動を大学が評価するための手段として、また今回の改革の目的の一つである高大接続における「主体的な学び」を具現化するものとして期待されていました。

しかし、この「JAPAN e-Portfolio」も、大学共通テストにおける英語の民間試験導入、国語・数学の記述式問題採用、と同様に運営が中止に追い込まれてしまいました。以下が機構のＨＰに記載されています。

弊機構の運営が取り消しとなった主な理由は、文部科学省の発表にあるとおり、文部科学省として委託事業において参画していた１１３大学に対し引き続きの利用を求める形をとらず、ゼロベースでの事業運営としたことから、運営当初からの一定規模の大学数を確保できず、事業運営に制約が生じることとなったためです。また、文部科学省が特段、大学数の増加に係る促進策を講じなかったことから、大学においても「JAPAN e-Portfolio」を入試で活用評価することの理解が進まず、このことにより弊機構が赤字運営を余儀なくされる結果となりました。

高校生が学校内外のあらゆる活動履歴を記入し、評価してもらうということ自体には全く問題はありません。就職試験のエントリーシートを考えれば、自分が何故その会社を志望したのか、どんな行動履歴があったのかをアピールできるようになっており、多くの企業が活用しています。ただし、学校での活動が全面的に評価の対象となることで、首都圏の中高一貫校など多様な経験をできる学校がより有利になるといった格差がさらに顕在化する恐れもあるという問題点も考えられます。

では、なぜ就職試験では出来るのに大学入試では出来ないのでしょうか。私は、日本の高校および大学の生徒・保護者にまだその文化が醸成されていないことが背景にあるのではないかと考えています。

アメリカ合衆国のトップ私立中高受験に出願するには、以下の要件が必要であると竹村詠美氏（Learn by Creation代表理事）は紹介しています。

・学校訪問
・ＳＳＡＴ（Secondary School Admission Test）もしくはＩＳＥＥ（Independent School Entrance Exam）のテスト結果
・保護者が書くエッセイ
・生徒が書くエッセイ
・英語と数学の先生からの推薦状
・学校の管理部門（学校長）からの推薦状
・その他の推薦状（任意のことが多い）
・学校の成績（２〜３年分）
・面談（保護者同伴ないしは、保護者と子とそれぞれ個別）

自分に合った学校探しをするというステップはもちろん必要だが、小中高時代に、学力と学力以外の部分でどのような生活を送っていたのかが多面的に評価される。入試対策のためにテスト勉強だけを頑張るという子どもではなく、様々なチャレンジを通じて自己理解を深め、目標を具体的に語れる子どもが求められている

人格（Character）という言葉が学校の説明資料やエッセイの質問で頻出するが、米国のトップ私立では、言語と数学の力はベースラインであり、将来にわたり様々な分野でリーダーとして活躍する人格や能力育成に重きをおいていることがわかる。日本の大学でいうＡＯ入試に近いが、高校入学エッセイでは学校の志望理由に留まらず、得意、不得意、関心、経験からの学び、価値観、目標など個人の考えや認識への幅広い問いが課される。加えて、中高受験ということもあり、子どもの考えだけでなく、親の教育方針や子どもに対する認識も求められている

短期決戦が可能な標準テスト以外のエッセイや推薦状、学校の成績では2〜3年間の小中学生活を通じて子どもが普段、どのような日々を過ごし、成長しているかが透けて見えるため、短期決戦では結果を出すことが難しいと言える。

（竹村詠美『新・エリート教育』（日本経済新聞出版）より引用）

どのような感想を持たれたでしょうか。日本とアメリカのどちらが優れているかを書きたいわけではありません。両者の文化の違いを考えてほしいのです。

日本の学校は、放課後も部活動や補習・委員会活動が行われます。休日であっても、多くの学校では部活動が行われます。夏期休暇中でも、部活動の合宿や宿泊型の行事も行われます。生徒の多くの活動は学校によって運営されています。

一方アメリカですが、学校の役割は授業が中心です。放課後や休暇中のアクティビティに関しては、学校で行われるものであっても、日常とは別の組織で運営されるのです。先生たちは、放課後や休暇中は通常の仕事以外に教育の仕事にあたったり、あるいは他の仕事をしたりします。

アメリカの学校の役割は、日本に比べると最低限のものとなっているのです。ですから、保護者と子どもたちは、教育に関して（学校のみに依存しない）より自律した行動が求められているのです。

保護者には、以下の視点が求められます。

・我が子にどう育ってほしいのか
・我が子の（他の子とは異なる）得意なところは何か

子どもには、以下の視点が求められます。

・自分は何が得意で、何が不得意なのか
・自分のやりたいことは何か

一方、日本の場合は、先生と生徒が二人三脚で教育に取り組むことが基本です。このポートフォリオの話が出てきて以来、多くの先生から、「生徒に何をどうやって記録させればいいですか」という質問をされるようになりました。

「主体的」というのは、生徒一人ひとりが、自分は何をしたいかを自分自身で考えることです。「主体的」な生徒を先生が指導して教育する、というのは本来矛盾でしかないのです。

ポートフォリオをつくるのに、先生が関わってはいけないというわけではありません。生徒も積極的に先生を活用してかまわないと思います。しかし、最も大事なことは、生徒が自分の人生を主体的に考えて、デザインすることではないでしょうか。

ブルーム・タキソノミーとは何か？

では、学校教育における評価をどう考えればよいのでしょうか。ここで、教育目標の分類をしているブルーム・タキソノミーを紹介します。

教育における評価に関しては、かつてから議論は当然されてきました。１９７３年にアメリカの認知心理学者ベンジャミン・ブルームらによって、「教育目標の分類学」、いわゆる「ブルーム・タキソノミー」が作成されました。

『認知領域』『情意領域』『精神運動領域』の３領域が設定されましたが、ブルームらによって開発されたのは、『認知領域』と『情意領域』のカテゴリーのみです。後に改定版と『精神運動領域』が作成されることになります。本書では、特段の記述がない限り、改訂版ブルーム・タキソノミーをベースに話を進めていきます。

ここでは改訂版ブルーム・タキソノミーを、『認知領域』を参照しながら考えていきたい

改訂版ブルーム・タキソノミー認知領域

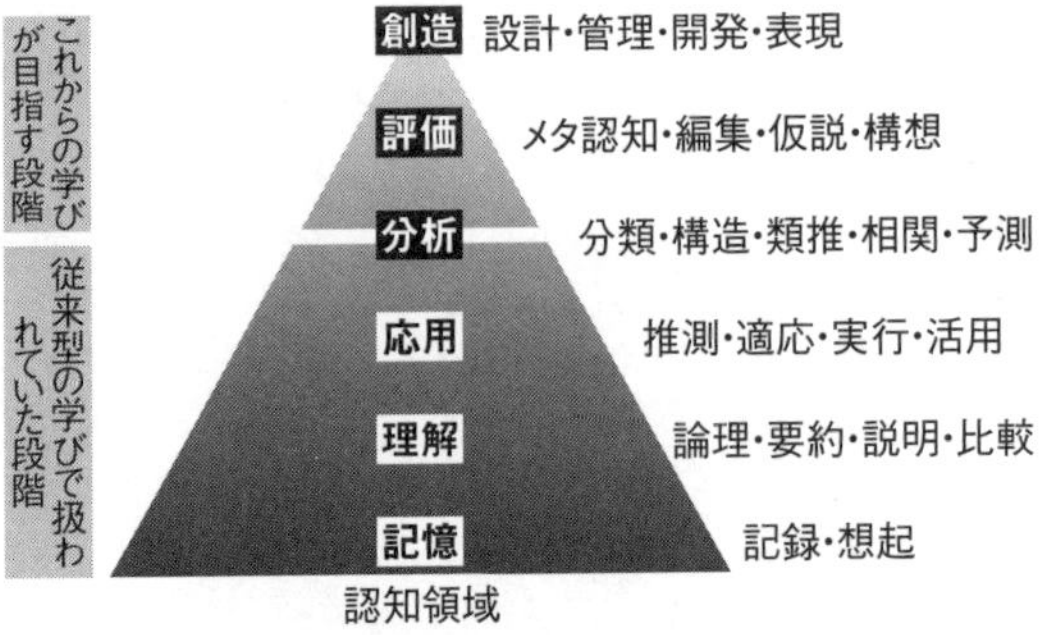

A taxonomy for learning,teaching,and assessing:
A revision of Bloom's taxonomy of educational objectives.
(Anderson LW&Krathwohl DR.,eds.),Allyn and Bacon,2001
を基に作成

と思います。

　分類上では、【記憶】から始まり、【理解】、【応用】、【分析】、【評価】、そして最後が【創造】となっています。これら五つの段階に、前述した五つの力をあてはめて考えてみます。

「想像する力」は、【記憶】された知識をベースに【創造】の段階まで広がっていきます。

「根拠を言語化する力」は、【理解】【応用】【分析】の部分が中心です。

「クリティカルシンキング」は、全体をメタ的にみる力であり、【分析】【評価】の部分で強く意識される力です。

「意思決定力」は、【評価】【創造】の部分に該当します。

「共有する力」は、全体を通して言語化し、伝える力です。

なぜ、ブルーム・タキソノミーなのか

「自立自律」

この４文字を学校の標語としてよく目にします。多くの学校で目標としているのに、なぜこの本ではあえて「自律」をテーマにしたのかをお話ししたいと思います。

辞書で「自律」を引くと、「他からの支配・制約などを受けずに、自分自身で立てた規範に従って行動すること」とされています。「他から支配・制約されない」とするなら道徳的にあるべき姿という制約からも自由になる必要があります。よく学校でもちいられる「人としてどうなのか」という暗に同調を迫られるようなことがあっても、空気を読んで「忖度」せずに、自分で考えて決定する必要があります。

自己決定とは、自分の価値観をはじめとした「自分軸」に沿って意思決定するということ

とです。では、自分軸とは何を基準とすればいいのか、どうすれば獲得できるのか、そしてどのように客観的にチェックしていけばよいのか。皆さんは学校で教わったことはありますか?

学校でもこの種の話をする先生たちはいます。しかし、多くの生徒たちは「いい話なのだろうけど、結局どうすればよいのかよくわからないから目立たないようにしていよう」「とりあえず素直に聞いておいて、怒られない範囲で生活すればいいのだろう」などと感じているのではないでしょうか。「このラインまではギリギリセーフ」みたいな、行動様式を探る程度に留まっているのが一般的ではないかと感じます。これは、コロナ禍でおきている「自粛」そのものですよね。

日本の教育で常々問題と感じるのは、結果を標語として与え、結果を達成することを生徒たちに強いることです。「自律」のほかにも、今回の学習指導要領でもたびたび登場する「主体的」、「対話的」、「協働的」などなど。何となくイメージは出来るけど、結局は抽象語の域を出ることなく、具体的な自分の行動に落とし込みにくい言葉です。

さて、ブルーム・タキソノミーに話を戻します。欧米の教育を見ていると、ブルーム・タキソノミーをベースに組み立てられています。思考するプロセスが言語化されています。どんな学び方が必要なのかが具体的に示されているのです。

コロナ禍であれば、今示されている「数値」や「状況」を【理解】【応用】し、自分が構想している行動の周囲への影響を【分析】する。どこまでが良くて、どこからがいけないかを判断する。他の国のコロナ対応の情報を集めながら比較【分析】して、今後の感染状況を予測して、自身の行動を選択し決定する。自己決定は【創造】と言えます。他者と意見交換をして、自分の判断や決定が本当に適切なのか自己言及し【評価】する。

このように、自分軸を持って、実社会で直面する問題を具体的にどう考えていくのか、思考の方法論を知ることが「自律」には必要不可欠です。

そして、そのガイドラインこそがブルーム・タキソノミーなのです。

これからの学びに適合するブルーム・タキソノミー

これまでの学びは、人類の過去の遺産を学ぶことでした。過去を学ぶということは、実際にあったことであり、あるいは研究されて確認されたことが題材となります。それをテストで問うと、次のような問題になります。

このたびのヨーロッパの大戦は我が国の工業界にかつてない好影響をもたらし、各種の機械工業はにわかに活況を呈した。特に兵器、船舶、その他の機械類の製作業はその発展も顕著で、非常に好況になった

設問　第一次世界大戦期の機械工業の活況はなぜ生じたのか、3行以内で述べなさい

（2019年度東京大学前期試験より）

この問題をブルーム・タキソノミーで考えると、第一次大戦により日本の機械工業が活況になった理由を「推測」する問題です。ピラミッドの3番目の【応用】の力を問うています。しかし、このような問題は「知っているかどうか」で思考が大きく変わります。つまり見方によっては【理解】、もっと極端に言えば【記憶】でも対応できるでしょう。

もちろん、この問題は決して簡単ではありません。一つの用語で書くのではなく、理由も含めて3行で過不足なく述べる必要があるからです。しかし、たとえ難問であったとしても、この問題には「正解」があります。大学入試をゴールとした学びであれば、授業で習ったことを再現して終わりです。その先の人生で、この問題で学んだことを活かすのはとても難しいと思います。

これからの学びでは、社会に、あるいは自分の人生に活かせる学びが求められます。そのためには、「過去を学ぶ」で終わらせず、学んだことを俯瞰し、いくつかの事例を「分類」し、その「構造」を把握し、今後を「予測」する、ブルーム・タキソノミーで言えば、【分析】の力を養うことが必要です。

例をあげるならば、コロナ禍で活況を呈した工業もありました。人々が在宅で活動をするとなると、ＩＣＴ関連の工業製品が売り上げを伸ばしました。社会事象と工業の「相関」性というチャンネルが頭の中にあれば、「予測」はできます。事実、株価は社会事象に敏感に反応し、瞬時に上下動します。

過去の社会事象がどのように工業に影響を及ぼしたのかを学び、現状を【分析】した上で、これからの動きを「予測」する。社会人であれば普通に考えていることかもしれませんが、今までの学校教育では、このような問いが投げかけられることはなかったのです。その理由は単純で、「正解のない問い」をテストで出題した場合、採点することが困難だからです。こう言ったら身も蓋もありませんが、教師も生徒も保護者も定期テストの点数にこだわっているのですから、「皆が納得するような採点ができる出題」という縛りから逃れることは並大抵のことではありません。

つまり、現状のテストを頂点とした学びには、やはり限界があるのです。そこで必要となるのが、「探究型」の学びを組み入れることです。

「探究型の学び」について詳細は後述しますが、私がかえつ有明に勤務している時、高校の一部のクラスで導入した授業が、「プロジェクト」です。「プロジェクト」の授業の狙いは、生徒が興味を持ったあるテーマを突き詰めて考え、そして最終的には何らかの形にすることです。何かを調べてまとめる、といったレベルのものではなく、最終的に何らかの形にする、という点にこだわりました。なぜこだわったかというと、ブルーム・タキソノミーの頂点である【創造】の存在です。学びであっても、いったんはゴールである【創造】を目指すことで、ピラミッドの途中の過程も学んでほしいと考えました。

今日、教育現場においてプレゼンテーションはよく行われます。昔に比べれば、アウトプットとして、パワポなどを使いながら人前で発表することに、生徒はあまり抵抗がありません。ただ、現段階では、どんな発表であれ、発表したら拍手で終わる、といったお約束感があります。ほとんどの発表は、【創造】の次元までいっていません。せいぜい【分析】の入り口までで、自分の意見がないんですね。自分の意見だと言っている場合も既出の誰かの意見をなぞっているものでしかありません。

大事なのは5段階目の【評価】です。まずは、自分でまとめて「編集」した内容をクリティカルに「メタ認知」[*2]する。「本当にそうなのか」と俯瞰してみる思考です。ここに時間をかける必要があります。そして、最終的に自分の作品として【創造】の段階に向かい「表現」する。そして、「表現」に関して、他者から意見をもらい、【評価】する。ここで足りない点を徹底的に見直すことが必要です。プレゼンはゴールではなく、始まりです。「知識」の【記憶】や【理解】の不足を見つけて、ピラミッドの最初に戻り、また登っていく。この「らせん型の学び」こそが、ＰＢＬの神髄と言えます。

私たちが人生において、どんな一日にするのか、どんな仕事をしていくか、どんな家庭をつくっていくのか、すべてプロジェクトだと言えます。正解はないけど、【分析】して【評価】して、自分なりの答えを【創造】していく、まさに人生こそプロジェクトなのです。

その訓練が、学校における「探究型の学び」であり、「ＰＢＬ」です。ブルーム・タキソノミーに沿って学び、『精神運動領域』の頂点である【自然化】の域まで持って行けるようなトレーニングを、社会に出る前にしておきたいところです。そのためには、教師の側がその域に達していなければならないのは言うまでもありません。

＊1【松田雄馬】ＡＩ及び「知能」や「生命」に関する研究者。合同会社アイキュベータ共同代表。主著は『人工知能の哲学』（２０１７）、『人工知能に未来を託せますか？』（２０２０）。

＊2【メタ認知】自分自身の言動や性格・価値観や考え方などを客観的に認知すること。

第4章
探究と評価の折り合いをつけるマインドとは

対談　矢萩邦彦

矢萩邦彦（やはぎくにひこ）

実践教育ジャーナリスト。リベラルアーツ・アーキテクト。株式会社スタディオアフタモード代表取締役CEO。知窓学舎塾長。教養の未来研究所所長。一般社団法人リベラルコンサルティング協議会理事。聖学院中学校・高等学校学習プログラムデザイナー。ラーンネット・エッジ カリキュラムマネージャー。

探究型学習・想像力教育・パラレルキャリアの第一人者。25年間、20000人を超える直接指導経験を活かし「すべての学習に教養と哲学を」をコンセプトに「探究×受験」を実践する統合型学習塾『知窓学舎』を運営、「現場で授業を担当し続けること」をモットーに学校・民間を問わず多様な教育現場で出張授業・講演・研修・監修顧問などを展開している。一つの専門分野では得にくい視点と技術の越境統合を探究する活動スタイルについて、編集工学の提唱者・松岡正剛より、日本初の称号「アルスコンビネーター」を付与されている。Yahoo!ニュース 個人オーサー。LEGOR SERIOUS PLAYR メソッドと教材活用トレーニング修了認定ファシリテータ。国家資格キャリアコンサルタント。グローバルビジネス学会所属。受賞歴にイシス編集学校『典離』、Yahoo！ニュース『MVC（Most Valuable Comment）』、探究学習コンソーシアム『探究の鉄人』初代チャンピオン。Yahoo!ニュースオーサーコメントでは50万ポイントを越える「参考になった」を獲得。編著書に『中学受験を考えたときに読む本』、石川一郎氏との共著に『先生、この「問題」教えられますか？』（ともに洋泉社）がある。メディア出演は『めざましテレビ』『サンデージャポン』他多数。

探究型の学びとは?

石川　この章では、探究型学習の第一人者のひとりでもある矢萩さんと、探究と評価というテーマを設定しつつ教育界全体を見渡すような対談をしていきたいと思います。

では、さっそく。教育の役割について言語化していくことが、この本の意味だと思うんだよね。そのためのキーワードが、探究的な学びということであったり、ＩＣＴの活用であったり。結局のところ、探究って何なんだろうね。

矢萩　僕はいま、教育業界だけでなく、探究を取り入れたいというさまざまな組織と関わらせていただいているのですが、「探究って何?」っていうことが、非常に多義的にとらえられているんですよね。しかも、多義的な上に抽象的だから、結局、探究って、何なんだろう、「テーマ学習のことかな」くらいな感じになってしまっていることが多いですね。

探究というのは、自分の興味があることを、ちゃんと調べて、考えて、やってみて、究めていくことによって、スキルが身についていく。その活動を、振り返りをして経験に落とし込むことで、自分がアップデートしていくことです。これは、デューイ[*1]が規定した、探究の形ですけれど、ソクラテスやプラトン、アリストテレスの時代から、探究っていうのは意識されていて、彼らは「探究の始まりは、驚き」だと言っています。「なに、これ？」「なぜ？」と思った時に、それについて調べていく。考査していく。そのなかで、その調べる過程であるとか、発見したこと、知識や方法を経験して、自分がアップデートしていくという。それが探究ですよね。そこに主体性が最初から入っているのが肝要です。

石川　この数年、突然、探究というワードが、ハッキリと出てきたわけじゃない。自分のなかでは、ずっと探究というのはあったんだけど、今回、何で探究がクローズアップされてきたの？

矢萩　やっぱり、いちばんの影響があったのは、文科省が探究って言葉を使いはじめた瞬間ですよね。だけど、一方で、じゃあ、なぜ文科省が、そういう言葉を使うに至ったのかというと、全国でフリースクールだとか、マイクロスクールだとか、一条校[*3]でない学校のなかで、学校に合わない子どもたちや保護者から人気や支持を集めるところが出てきました。そういったスクールが共通して掲げていたのが「探究」です。ラーンネット・グローバルスクール[*2]だとか、東京コミュニティスクール、塾系だと探究学舎や僕がやっている知窓学舎もそうですね。知窓学舎は学校や受験と探究をつなげるという珍しいコンセプトなので、当初は探究系の皆さんからも不思議がられる存在でしたが。学校系だと京都市立堀川高校の探究科にも注目が集まりました。それらの学び方に影響を受けた若い先生たちや、学校内での自分の授業を変えたいと思っている先生たちが、探究を取り入れはじめて、どうやらここにこれからの教育に対する一つの答えがありそうだという雰囲気が高まっていたところに、文科省が探究という言葉を使いはじめて一気に火が点いた感じですね。

石川　なるほどね。この4、5年のことなのね。いつの間にか、探究という言葉が、日常的に使われるようになっていて、ちょっとビックリしたよね。

矢萩　元々文科省は、アクティブ・ラーニングという言葉を推していて、物議を醸していたあたりから、別の言葉探しが始まったじゃないですか。そのなかで、かなり早い時期から探究的な学びみたいなことは、言ってはいたんですけれども、定義はもちろん、「探究」なのか「探求」なのかとか、何となく使われているものの、全然、安定していなかったですね。これから探究だよね、ＰＢＬだよね、みたいな言い方が明確にされ始めたのは、アクティブ・ラーニングの後だと思いますよ。

石川　あ、そうか。アクティブ・ラーニングは、ちょっと、軽いというイメージも言われてたから。探究という言葉に落とし込んだわけね。

矢萩　言い換えですよね。たぶん文科省的には、「主体的・対話的で深い学び」というのはアクティブ・ラーニングのことを言ってるんですね。で、それを、さらにわかりやすく、「?」が出にくい、受け入れやすい形に言い換えたのが「探究」だと思います。探究的に学んでいるということは、主体的だし、深い学びですからね。

石川　そうか、アクティブ・ラーニングや「主体的・対話的で深い学び」を、探究という言葉にまとめ直したわけか。

矢萩　そういうふうにまとめて使われているから、モヤッとしてて、逆にわかりにくいんですよ。具体的に、「振り返り」をいかにして経験に落とし込むのかとか。どのように答えのない問題に対して、問いを立ててナビゲートしていくのかとか、そういう方法論が抜けてしまっている。それで結果としてみんなが勝手に、それぞれの探究というものを語り出してしまった。それはそれでいいとは思うんですけど。ただ、いま探究と名乗っている学びが、本当にピンからキリまで、千差万別です。たとえば、探究をコンテンツにして販売するなんてことは全く探究的ではないですし、全員が同じテーマでかつ授業時間内で探究を終わらせるようにする、あまつさえアウトプットをしてその結果を評価して採点するなんていうのは本来探究とは言えません。ただのテーマ学習です。

だから、先生たちも保護者にも、ちゃんと中身をもって判断できるように、啓蒙していかないといけない。そして探究を謳う教育も淘汰洗練されていかないといけない。この本が探究を探究するようなナビゲーターになってほしいですね。

石川　なんかさ、夏の自由研究が、そのまま探究に化けたような印象もあるよね。

矢萩　むしろ自由研究ってものは本来は探究だと思います。もちろん「宿題」とされて期限が設けられているという点は自由ではないし探究的でもないですが、その他の点に関しては学校の中で最も探究的な存在の一つだと思います。でも、似ているからこそ化け方が同じなんですよ。自由研究のはずなのに、自由研究攻略本みたいなものが売れたり、「自由研究代わりにやります」みたいな人が出てくる。探究もいま、同じ状況になりつつあります。「探究型学習教材、請け負います」「これを読めば、テーマが並んでます」みたいなのとか。読書感想文も代わりに書いてくれたり。メルカリでは規制が入ってましたね。

石川　探究ってさ、僕は大きく三つの点が大事だと思っているのね。一つは、自分でテーマを見つけていくこと。二つ目に物事を突き詰めて考えていきたいというマインド。三つ目は方法論。探究の仕方というか、矢萩さんの言葉だと手続き記憶になるような方法論とか、精神運動量みたいな。でも比較的、「こういうテーマでこういうことをするのが探究的」

みたいなことや、探究をペーパーテストとの対比で語ってしまっている。そういう話ではないですか。絶対的なものでもなければ、二項対立でもない。僕自身は、ちゃんと教科の探究をやっていけば、自然に教科の偏差値も上がると思っているんだけど。

矢萩　絶対、そうですよ。そもそもデューイは探究と思考はほとんど同義と言っていますが、思考の方法を身につけることで、確実にすべての学習に効果があると思います。

石川　探究的に歴史を学べば、知識も方法も全部まとめて頭の中に入るんじゃないかと思うんだけど。そこを、なかなか理解してもらえないんだよね。

矢萩　抽象的ではありますからね。デューイは、ちゃんと考えて、それを経験として落とし込むことが探究だと言うわけですが、じゃあ「ちゃんと考える」って何なのか？　っていうと、自分軸を持って考える対象を評価するってことです。すごく平たく言えば、「突っ込みを入れる」ことに似ています。たとえば、いまの話だったら、「宿題は自由研究です」、「全然自由、ちゃうやん！」みたいな突っ込みだとか。「はい、じゃあ、皆さん、これを探究してください」なんて、どこに主体性があるんだって話だとか。そういう突っ込みを入れることっていうのが、ちゃんと考えることじゃないですか。これって、メタ認知ですよね。目の前にあることを、そのまま盲目的にやるんじゃなくて、「それって、どうなの？」「本当にそう？」みたいなのに気づくこと。で、気づいた上でどうやったら自分にとって理想的で本質的な経験になるのかを考えて、やるのが探究的。だから、そういうそもそもの部分も突っ込んでいいんだって思えるようにすることが、すごく大事ですよね。そもそも突っ込めると思ってないし、突っ込んでいいんだとも、思ってないじゃないですか。それだと洗脳的だし支配的だし、思考停止状態に導いてしまっていますよね。

石川　そうそう。なんか、だから、授業で出てきたことに、自分で考えて突っ込むっていうこと自体が、ＮＧというか。空気読まないヤツ的な扱いをされちゃうから。

矢萩　そうなんですよ。僕は他者の気持ちや場の空気を読んで自分の言動をコントロールすることも大事だと思っているのですが、無意識に合わせてしまうような環境は避けたいですよね。小学校４年生くらいまでって、そういう突っ込みを入れる子が、一定数はいるんですよ。それが、中学受験をする子たちは顕著ですが5年生くらいから全くなくなるんですよ。「関係ないこと言うなよ」「邪魔すんなよ」「テストに出ないだろ」という突っ込みが勝ってしまう。だから、本気でそこに疑問を持つような子だと受験勉強は苦しくなってくる。だから、従来型の学びによって閉じてしまう子に対しても、ちゃんと評価して、「それなら君、こっちがあるよ」というのを指し示してあげたいですよね。

もちろん、そういう子の中には、全部わかった上で、あえて受験に立ち向かっている子もいます。全然自由じゃないし、おかしいし、変だなと思ってるけれども、この学校に行きたいんで、いまはこれをやります、みたいなことができてしまう。大手塾のトップクラスの子には一定数います。そういう子たちって、メタ認知できてるんですよ。それはそれ、これはこれ。だから、彼らはそういう意味では、そんなに柔軟性を失っていないというか、従来型の学びのなかでも、うまくやっていけるし、それなりに探究もできている。そもそも競争が好きだったり、その中で評価されているので自己肯定感を持てていることが大きいですね。

石川　余計なことを考えながらも、求められているものは何かってことを、ちゃんと察知しているからね。

矢萩　問題は、その次の段階の子たちですよね。そういうメタ認知ができなかったり、学び方が合わなかったり、どうしても競争の中で自己肯定感を保てない子たちが受験に巻き込まれた時に、ものすごく弊害があると感じています。大手の塾にいた時に関わった教え子のなかでも、「親に言われて仕方なく来てる」みたいな子で、進学してから学校辞めちゃったり病んでしまった子を何人も知ってます。やっぱり、それは防いであげたい。防ぐためには、学びにもっと豊かな他の選択肢があることを、まず保護者や先生たちにとって当たり前のことにしたい。みんながそっちに行くからって、君にとって良いとは限らないよ、人によって良いことはちがうぜ、っていう。探究型を広めたい人間としては、そこをいちばん気にしているというか、何とかしたいところですね。

石川　そうだよね。大手塾で成績優秀な子は、この休校中の学びでも、より成績を伸ばしているなんて話を聞くんだよね。学校の授業がない分、効率的に勉強できるというか。で、リスクを負っちゃった2番目にいる子たち。探究的なアプローチが自分のなかに入ってない子が、ちょっとキツイ状況になっている。だからこそ、探究的なアプローチみたいなものを、体の中にインストールしてあげたいなって思うよね。

探究型学習はどこへ向かえば良いのか？

石川　学校教育の中での「探究」の難しさはいろいろあるのですが、なかでも「正解のない」ものを、探究のテーマとして取り上げるという取り組みが、まだまだ、少ないと感じています。これ、矢萩さんが、『先生、この「問題」教えられますか？』（洋泉社）でも書いてくれているけれど、本来探究って、そのテーマに、自分の心が乗り移って、前のめりになるっていう前提があるわけだよね。僕らなんかも、教育の話になると、前のめりになる。あと、寿司の話とか（笑）で、学校における探究のテーマって、子どもたちがピンとこないケースが多々あるわけです。大人は知ってほしいと思って前のめりに提示しているんだけれども、肝心の子どもたちが一歩引いて探究をしているような形になる。探究が甘いというか、「究める」っていうところまで、なかなか掘り下げられない。

矢萩　そうですね。全く僕もその通りだと思っています。生徒がピンと来てないという話はすごくわかりやすいです。いま、学校現場で探究的学びを入れたいと思っている先生たち、頑張ってＳＤＧｓ[*4]（持続可能な開発目標）とかやってるわけですよ。だけど、「世界ではこんな問題が起こっています！　さあ、自分事として考えましょう！」というこのスタイルが、そもそも探究的ではないんですよ。探究を構造的にとらえられていない。たとえば、そもそも探究的に生きている大人じゃないと、本質的な探究は教えられない、伝えられないっていうことが、基本の構造としてあります。探究は態度や方法や活動のことであって、知識ではないので当たり前なのですが。つまり、探究が自分事である必要があるんです。他人事ではない。

そのうえで、「ＳＤＧｓなどの世界で起こっていることや、ＰＢＬを通じて、問題解決能力を養いたい」というわけですが、そもそもそれらを自分事として考えるのは至難の業です。全然ライブ感がない。なんで問題解決能力を養いたいかというと、その生徒一人ひとりが抱えている、あるいは人生において対峙するであろう問題を解決する力を養いたいわけですよね。じゃあ、自分事だと思えない、遠くの世界で起こっていることに、自分事に無理矢理つなげようとしたって、それはピンと来るはずがないんです。

だから、その生徒自身が「今、どんな問題を抱えていますか?」っていう問題発見からスタートするのが、筋なんですよ。たとえば、「ちょっと、家族とうまく行っていないんです」という問題を、その生徒が抱えていたりする。そこで、その問題って、SDGsで言うところのどれと関係が深いと思う? というように、自分事の問題から思考を進めていくような経験をしていくなかで、少しずつ社会的な問題や世の中の大きな問題にアプローチしていくのが、本筋なはずなんです。だけど、教育文脈でそのように語っている人に、ほとんど出会ったことがないです。石川さんは、わりと最初から「SDGsの取り入れ方、あれ、飛躍が大きすぎてダメなんだよねえ」と仰っていたので、教育界のこのポジションに違和感を覚えている方がいると、希望的に感じたのを覚えています。

石川　コロナ禍になってから、世の中が「正解がない」状況になって、自分が当事者になっているわけじゃないですか。私自身もどう振る舞うべきかって、正解がないんだけど、正解を出そうというPBLをやっているわけです。むしろプロジェクト・ベースド・リビングというか、生活がプロジェクトになっているわけだよね。にもかかわらず、そこにはあまり踏み込まない。だから、矢萩さんがいつもいうように、ライブ感がないんだよね。今の現状に対して「受けて立つ」みたいな覚悟や発想もない。身の回りにある現実を投げて、心を揺さぶって、それに対して、「どう思うのか」「何が足りないのか」みたいに、突っ込んでいかない。形は探究なんだけど、探究になってないのかなというのが、学校の現状の探究のイメージなんだよね。

矢萩　「正解がない」問いを考えるということは、すごく大事なんだけれども、正解がなければいい、というものでもないですよね。まず、リビングからスタートしないといけない。そこから、社会に出ていこうっていう、ハシゴかけとか、導線をつけるとかね。そういうナビゲートを、学校教育のなかでやっていかないと、結局、PBLの詰め込み、探究の詰め込み、みたいになりますよね。だから、究めることにつながらない理由はすごく単純で、「究めたい」と思ってないからなんですよ。究めたい、解決したいと本人が心から思うことだったら、勝手にそっちに向かうので、それをナビゲートしていく。学校でも民間でも同じだと思いますが、これからの探究型学習を考える上で、いちばんの目標・目的であると同時に、ハードルになるのはその辺りだと思うんですよね。

石川　そうだよね。だから、学校で扱っていることって、広く、浅くなんだよね。先生たちが自分で教えている範囲を、大学入試がゴールくらいの観点でしか扱っていないというか。だから、いまの矢萩さんの話を借りれば、先生たちも教えていることがあまり自分事になっていないのかな、という気はしますね。そういうような問題って、塾でも同じ?

矢萩　そうですね。ただ、多くの先生たちにとっては、大学受験で実績を出すことも含めて、半分自分事なんですよ。先生たちは、広く浅くの詰め込み型の学習自体を仕事にしているんです。つまり自分たちが受けた従来型の学びを活かして食っているんです。だから、割と本気で社会に出てから役に立つと思っていたりする。実際は、関ヶ原の戦いが西暦何年に起こったか知っていたところで、大半の仕事では役に立たないわけです。そういう想像をあまりせずに、入試で出るからという思考停止状態なわけです。これは学習塾も予備校も同じような状況です。しかしながら、これも構造的な問題で、先生たちばかりのせいではないと思います。もちろん各現場で、教育以外のキャリアを活かして現代においても意味のある教育に力を入れている先生たちもいらっしゃいますし。

まず先生たちが、自分事の問題を考えることから始めたいですね。その問題を解決するために、この知識やスキルが役に立つな、とか。そういう事例に基づいていくと、自動的にそういうナビゲートができるようになっていくと思うんですよね。この本を読んでくださってる皆さんは、保護者や教師の方が多いと思うんですが、まず、大人が自分の問題点を棚卸して、それを探究していくとか、問題解決をしていく。そのためには何が必要で、あるいは、どんな経験が役に立ちそうで、みたいなことを考える。そこからスタートすれば、絶対に意味のあるものになりますよね。

石川　かえつ有明では「共感的コミュニケーション」を取り入れているのですが、先生たちの心の棚卸しが大事だっていうことなんだよね。先生も生徒も、まず心を整理していく。探究の作法というか、探究に入る心構えだよね。探究するにしても、土足でガツガツ入って行ったらいけないわけじゃないですか。でも、そういう人もいるんだよね。「探究が絶対」

みたいに、土足で「これ、いいから」って、グイグイ入ってくるみたいな。やっぱり、ちゃんと靴を脱いで、揃えて、礼をもって入っていくことが必要だと思う。「いいものだからやれよ」みたいな、強引に善を求めるみたいなのはダメですね。自立を求めていくっていう過程で、矢萩さんがいつも言っていることだけれども、善とかそういったものってさ、人が決めたものに従うものではなくて、自分で決めなきゃいけないわけでしょ。その部分が、まだまだ消化されていない気がするね。日本の教育って。

矢萩　そうですね。戦後の教育って、周りと比べることが常態化していましたし、だからこそ、より比べやすい指標である偏差値が、重宝されたわけですよね。まず「比べる」という発想から脱却しないと。もちろん、比べることが全部悪いわけではないのですが、比べたほうがいいことと、比べないほうがいいこと、あるいは、比べても意味がないことっていうのを、クリティカルに判断できることが、大事だという視点でアップデートしていかないと。まず、大人から。特に小学生なんて、大人が「そういうふうに評価するから」という理由で、そっちに走りますので。

やっぱり、善悪の区別がつくまでには、それ相応の経験だとか、時間がかかります。思春期を経て、ようやく自分のなかの真善美が見つかる、みたいな流れが、自然だと思うんですよね。僕は中学受験に長く関わっていますが、忘れられないエピソードの一つに、ゴールデンウイークが明けた時に、生徒が僕のところに走ってきて、土下座したんですよ。「先生、ホントに、ごめんなさい！」と。僕は謝られる意味がわからなかったので、「突然、どうしたの？」と。いつもは、オチャラケてる、面白いヤツだったんだけれども、「悪い点を取ってごめんなさい」というわけですよ。僕は点数のことを指摘したことなんてなかったですから、なぜ土下座するのか、よくよく話を聞いてみたら、共働きで忙しい両親が、久しぶりのまとまった休みで、テストの点数を、ひと通り見たと。それで、「何のために、俺たちが金出してると思ってんだ」とさんざん説教をされたというんですね。それで、「そうか、自分は悪いことをしていたんだ」と気づいたと。自分はそんなに悪いことをしてたのに、気づかずにいたことに対して謝罪をしたと言うんです。もはや洗脳ですよね。

それは、象徴的な出来事だったのですが、そこまで極端ではなくても、似たようなことは多くの家庭にあるわけです。だから、やっぱり、大人側の価値観というものが子供の価値観を作ってしまうということがあることは自覚した方が良い。メタ認知ですね。大人が偏差値を大事にしていながら、「でも、探究って大事だよね」みたいなのは、そもそもダブルバインドというか、無理があることなんです。だから、自分はどっちが大事だと思っているのか、あるいはその子にはどちらが向いていると思っているのかということを、まず、自ら考えてほしいですよね。そこから、学びの場や、かかわる大人を選んでいってほしい。だから、大人への啓蒙が必要なんですよ、飯のタネになる能力が変わっていることとか、豊かさとは何かという価値観が多様になってきたとか。「そうは言っても、オレはそれをやってきて、それでいま食ってんだ！　おまえもいつかわかる！　甘えんな！」、というお父さんたちが、いっぱいいたわけですが、ようやく、このコロナ禍で、「どうも本当に変わってきたかもしれない」というふうに、実感する人が増えてきた。これは教育界において、やっと、本質的な学びを子どもたちに提供できる、地ならしが始まったなという印象です。たぶん、この本を読んでくださっている方も、「ちょっと、このままで大丈夫かな？」っていう方が大半だと思うんですよね。そういう皆さんに「いま、こうなってますよ」とか「こういう方法がありますよ」っていうのを、お伝えしたいですよね。

探究型の学びに評価は必要なのか？

石川　評価のための偏差値教育がなくなったとして、探究型にも評価が必要じゃないかって話もあるよね。社会に出てからも数値で評価される人もいれば、そうでない人もいる。じゃあやっぱり偏差値も大事かというと、売り上げとか数字が出ている人が、偏差値的に優れているかというと、総合力というか人間力だったりもするよね。でも、定期テストや入試の場合、そもそも偏差値を付けやすいように、点数がばらけるようにテストを作っていたり、【記憶】や【理解】みたいに、ブルーム・タキソノミー[*5]の下の方の力ばかりを試したり、極めてバランスが悪いんだよね。矢萩さんは炭谷俊樹さんとアクティブ・ラーニングと定性評価の関連を研究してるけど、その辺はどういう見解？

矢萩　はい。僕自身は、定性評価と定量評価が両方大事だという立場です。どちらかが良いとか悪いというか、バランスが悪すぎるのが問題だと思います。シンプルに定性評価がされていなすぎる。そもそも、偏差値教育に偏重したきっかけの一つはセンター試験です。

なんでセンター試験が始まったかと言えば、1学年の人数が200万人を超えたからですよね。だから、素早く大量に採点できる大学入試に変えたわけです。なので、評価しやすいものが最終ゴールに設定されてしまった。もちろんその時は、そういう必要があったから、一時的に採用されて、それがトライ・アンド・エラーで変わっていったのなら、良かったのですが、令和まで続いてしまった。その理由は、近代資本主義的な考え方だとか、ビジネスライクな考え方、あるいは定量評価が教育業界に、マッチしちゃったんですよ。でも、やっぱり、定量評価に偏重すると中心には子どもや生徒はいないし、そういう乖離とかズレが、ここにきて噴出してしまったんだろうなって感じます。

ただ、一方で、競争すること自体が好きな子というのも一定数いるんですよ。たとえば、ゲーム好きな子の中にも、ゲーム自体の世界観やストーリーを楽しむ子もいれば、ハイスコアを狙って、全国で何位っていう順位で達成感を得るタイプの子もいるわけです。実際受験指導をしていると、この競争するから燃えるというタイプの子は少なくありません。それはそれで、生き生きとして、やってるんですよ。ゲーム的に。だから、それで、結果的に、能力開発が進んでいって、色々なことに気づきはじめる子もいる。だから僕は、競争をやめたほうがいいとか、偏差値をなくせばいいというような極論ではなく、偏差値以外でも、ちゃんと評価される子たちを、もっと増やす。偏差値だけで評価されるのが不自然なのであって、バランス取っていこうよということです。

もう一つの問題は、定性評価をどうしたらしやすくできるかという議論があまりされていないことです。eポートフォリオなどはその一つのきっかけになりそうだったのですが、失速してしまいました。個人的にはそういうシステムよりも先に、ブルーム・タキソノミーなどの学習目標の軸を真に理解して、共有することで定性評価はしやすくなると思っています。逆に言えば、そういう共有された軸がなければ、現状の学校などで定性評価を採用することは難しいでしょう。

このコロナ禍によって、前提が変化することが常態化するということを、我々は体験しているわけです。これって、常にバランスを意識しなきゃダメですよね。右肩上がりの時代ならば、「こうやったら、こうなりますよ。だから、こうしましょう」というのがまかり通ったし、説得力を持ったわけです。でも、いまは不安定で、本当にどうなるか分からない。だからこそ柔軟にバランスとりながら進むのが良いという至極当たり前なことを、みんなが体感しはじめているから。そこから考え直すっていうのが、大事なのかなって思いますね。

石川　ブルーム・タキソノミーにおいても【評価】が上位にあるのだけれど、これって誤解が多いような気がするんだよね。今みたいな話の流れで言う評価と理解がマッチしないというか。

矢萩　それについては、まず【評価】という日本語訳が良くないんですよ。これは、原語の「evaluation」の日本語訳なのですが、プログレッシブ英和辞典では、評価の他に「見積もり」ランダムハウス英和辞典では「鑑定」となっています。では、その大本のvalueはというと、「値打ち」「真価」「重要度」「好み」、さらに複数形をとることで、社会的な「価値観」「理想」「習慣」などの意味になります。こちらの方が、ブルーム・タキソノミーにおける評価に近い感覚ですね。

たとえば、定性評価の場合、「なんか、いいね」みたいな感じでよいですし、もっといえば、コーチング的な話になりますけども、「君のことを信じてるよ」という態度やメッセージでも良いと思うんです。「君が好きなこと、やってることに関して応援してるし、その先の結果がどうなるか、とても楽しみにしてる」というスタンスで子どもたちと接せられていることが重要。僕は、そのことを【評価】って呼んでしまっても、いいと思ってるくらいなんですね。良いとか悪いとか以前に、その人を信じているということが【評価】。そこには、数字は関係ないじゃないですか。そういう感覚が学びの場で普通になっていくことで、どんどん、健全になっていくというか。勝手に探究する子どもが育つ環境になると思うんですよね。

石川　それはわかりますね。いまの若者は共感してもらいたいわけだ。だから「いいね」や「拍手」のボタンが必ずついてるようなことなんだろうね。その積み重ねが矢萩さんの言う自己肯定感にもつながるんだろうし。それは欲しがるよね。先生たちの概念のなかでは、定性評価って努力したとか頑張ったみたいなものしかなかったような気がするんですよ。

矢萩　「面白い」っていう評価は、自分軸の話じゃないですか。ほかの人が面白いというかどうかは関係なくて、「この答えはバツだよ。バツだけど、めっちゃ、面白かった」と言えるか。俳諧の世界で大事な感覚って、「共感するか、面白がるか」なんです。その人の自分軸で、自己決定をすることが定性評価じゃないですか。ほかの人は知らないけれど、「オレは面白いと思うぜ」でしかないし、それでいい。でも、なかなかみんなそれを言わないですよね。評価してしまうことで、あとで、問題になるのが嫌だ。責任を取らされるのが嫌だって思っている。あとは、そもそも自分軸が曖昧だと、自信を持って面白いと思えてない。この2点が、大きな問題としてあると思います。

石川　そうするとやっぱり、自分軸とか、ブルーム・タキソノミーでいう【評価】っていう段階に行くことが必要なんだろうけど、それに向かっていくトレーニングを大人もしていないから、方法や道のりがわからない。自分がやっていることを構造的に見ようとか、他を比べてみようという発想が少なすぎるのかな。メタ的に見たり、クリティカルに見たりっていうさ。親もそうなんだよね。子どもがやってるのが、【記憶】とか【理解】とか、

２段階目くらいの定量評価的な段階しか見えてないから、その先がない状態で、評価しようとする。そこに気付いていない状態が、まさに「教育リスク」だと思うんだよね。

矢萩　先生たちが、ブルームタキソノミーの３段階目にいるのに、ちょっと、「６段階目を目指す授業をやりましょう」なんて、無理なんですよ。【評価】できる段階に達していないのに、定量的には評価できてしまうという構造的な問題があります。だから現状では定量評価はなくならないですし、先生たちが足並みを揃えて【評価】できる段階に達したとしても、それなら定量評価をより適切にバランス良くできるはずだから、定性評価と共に活用される。そういう状態が健全だと思いますね。

定性評価とＡＯ入試

石川　そんな中でＡＯ入試みたいな定性評価を軸とした入試が増えていること自体は、いい傾向だと思っています。たとえば、入社試験って、定量と定性、両方使ってると思うんですよね。エントリーシートはまさにＡＯ入試と同じで、自分がやってきたことに対する定性評価的な内容です。ただ、はっきりとは言わないけれども、出身大学などで、定量評価してしまっているという話もあるわけだけど。でも本来は、ブルーム・タキソノミー的に、自分軸と問題意識がしっかりしているかどうかを判断しているはずで、AO入試も、その大学の学びに対して自分軸と大学の学びがマッチしている人を採りたいわけです。そういう意味では、入社試験の方がちょっと先を行っていて、客観性はそれほど問われない。一方で、評価の軸がよくわからなかったりするし、ある程度不条理なものもアリとされているところがある。どうですか。

矢萩　まず会社の話は、近代資本主義的な構造の問題がありますよね。たとえば、会社組織のなかで、グルメ漫画『美味しんぼ』でいうところの山岡士郎《やまおかしろう》みたいな人材を、どのくらい評価できるのかっていう問題があります。彼にしかできない「実績」を出してるのに、それは「売り上げ」ではないから社内での評価は、いつもギリギリ。もちろんクビにならないのだから良い会社だとも言えますが、偏差値型じゃない人材は、実力があっても、たとえ間接的に会社に利益をもたらしていても、数字を出せていなければ憂き目に遭いやすいわけです。これは、たとえ客観性を問わないような入社試験をする会社であってもそれほど変わらない気がします。

そういったキャラクターや才能を持っている人は、生徒だけでなく周囲を見渡すと結構たくさんいます。じゃあ、そういう人たちが評価されているのっていったら、評価されていないことのほうが多いと感じます。それは構造の問題もあるし、評価する側が、そういう価値観だからっていうのもあるし。それで、いままでやってこれちゃったっていう現実もあるし。結局、変化を好まないというか、ほっといたら現状維持を目指してしまうのは、人間の脳の働きでもあります。まず、そこを壊していかないと。「ホントにそれでいいんですか？」ということを、しつこいくらいに突きつけて、「たしかに、ちがうかもしれないな」という人たちが増えないと、構造を変えるところまで持っていけません。構造が変わらなければ入社試験がどうであっても適材適所にはなりにくいと思います。

石川　そうは言っても、定量評価の公平性って話もあるよね。公平な評価軸の方がやる気になる人もいるし、定性評価は場合によっては「ずるい」っていう感覚になっちゃう場合もある。その辺が難しいところかな。

矢萩　そうですね。公平性を保とうとすることは大事ですが、公平性や定量評価を重視すると、どうしても「対策できてしまう」という問題も起きてしまいます。現状のＡＯ入試は「消去法」的かつ「逆算」的に扱われている傾向が問題です。たとえば、勉強が嫌いだったり、苦手だったりという理由で、ＡＯを選択する。さらに、ＡＯに合格するためのエントリーシートを作るために合格しやすい動機や興味を捏造する。それがＡＯ対策のビジネスになってしまっている。そういう流れは止める必要があります。

石川　その結果、大学が大学でない状態になっているというね。高大接続の影響もあるけれど、大学側にとっても、学ぶ気がない学生が来るっていう大問題が現実としてある。

矢萩　そんな状態で入学してるから、このコロナ禍で「オンライン授業に切り替わりました」となったときに、「じゃあ、大学意味ないじゃん」といって退学を検討しだす学生がどんどん出てきてるわけですよね。

石川　これ、大学は厳しいだろうね。要は、学生にとって大学って、「キャンパスライフ」こそが重要だったたってわけだ。それがなくなった大学に、何の魅力があるのかっていう。なのに、奨学金という名の借金がかさんでいくっていう。しかも、アルバイトもろくすっぽできないのに。そういうネガティブな現状が、かなり浸透しちゃってるよね。

矢萩　僕は今こそ、探究型とか、ＰＢＬ的な学びの意味について自分事として考える機会になってほしいと願っています。たとえば、大学を辞めたいという学生がいた時に、「なんでなの？」の答えが「お金がもったいないから」だと、残念なわけじゃないですか。そうじゃなくって、大学が今、こういう状態なんだったら、自分で勉強したほうが早いとか、これをやった方が、自分のやりたい夢に近づくんだっていう、自己決定ができる学生であれば、辞めてみたらいいと思います。だけど、そうじゃなくて、ちょっと、これにお金を払うのはねえ、で、辞めちゃって。で、「そのあと、どうするの？」「いや、まあ、とりあえずバイトでもします」みたいな。それだと、全然、自己決定力、自分軸というものが出てこない。僕は、大学を辞めるという選択が出てきたというのは、ひとつは、一歩前進だと思っているんですよ。「そうはいっても、辞められないですよね」が、マジョリティだったわけで。でも、「イヤイヤイヤ、もう、意味ないでしょう」という子たちが出てきた。でも、その理由が、まだ自分軸があって、自己決定している理由ではない。それが、もったいない。こんなのにお金を払うのがイヤだから、という理由で止まってるんですよ。

より良い人生を歩むために、探究的な学びのなかで自分軸をしっかり身につけて、人生の選択をちゃんと自分でしていく。その先に、大学があるかもしれないし、専門学校かもしれないし、起業するのかもしれないし、ワーホリに行くのかもしれないし、あるいは高等遊民とか小説家とかＹｏｕＴｕｂｅｒとか。そういう意味では、かえつ有明は、「大学だけを目的とするクラスをやめよう」という発想で動いてるじゃないですか。僕が関わっているなかでは聖学院もそうですが、そういう学校が、学校として成り立って、そこに受験して入ってくる子たちがいるという流れが、できはじめたというのが、すごく希望ですよね。

石川　たまたま明日、かえつの卒業生とＺｏｏｍやるんだけど、その子は東大に入れるくらいの力があったのに大学行かないで、北海道で地域創生みたいな仕事をしてるっていうんだよ。すごい面白いなあって思って。毎年、優秀な生徒が、一人か二人、大学に行かない道を歩みだしてる。先生たちは、残念がってるみたいなんだけど。そういう状況は、面白いし希望的だよね。

矢萩　いまだに、進学校で大学に行かないという選択をすると、奇人変人じゃないですか。僕も、まさに進学校に行って、「大学へ進学しません」って言った時には、もう、奇人変人どころか入院させられそうになりましたからね。結果的に、僕は入院しなかったけど、母親が入院しちゃいました。進学しないとろくな人生を歩めないって本気で信じているんですよ。そういう事例も出してきて説得されるんだけれども、知らないから勝手なストーリーをでっち上げていることが多い。これはインターネットの良いところだと思うんですけれど、その後が見えるじゃないですか。あんなに活躍しているとか、幸せそうだとか。逆に進学したからといってみんなが順風満帆なわけでもない。

そういう意味では、「そういう選択もありなんだ！」という発想を持てる子どもたちは、確実に増えていると思います。そのなかで、大学受験をする、しないという選択肢が、リアルになって、たとえば、進学校を出て、進学しないという生徒が増えた時に、大学は初めてヤバいと思うわけじゃないですか。少子化の上に、受験もしてもらえない。じゃあ、受験してもらえる大学にならなきゃ、と。そういうふうに淘汰されていくので、僕は10年後とかの大学は、そんなに悲観的じゃないんです。だけど、いまから10年間の生徒たちは、犠牲になるかもしれないわけですよ。だから、それを回避するために、小学生にも、中学生にも、高校生にも、探究的な学びを通じて、自分で別の道を選択できるようになってほしい。そのためには、やっぱり、保護者が、「たしかに、進学しないのもアリかもね」というふうに思えないと、特に小中学生は無理ですよ。だって、自分でお金、出せないですし。保護者が探究的であれば、その道というのは開けてきます。頭ごなしにしないことが大事ですよね。あとは、進学校という言い方。この言葉の呪縛というのは、まだ、しばらくあると思います。どこの学校が、最初に「ウチは進学校じゃありません」って言うようになるか、ちょっと、楽しみに見てるんですけど。

公平とは何か

石川　定量評価のほうが公平だという意見は多いんだけれど、偏差値だけで評価することって、はっきり言って公平じゃないんだよね。決められた試験範囲のなかからの出題とわかりやすい採点基準を公平と言うなら公平だけど。公平に見せかけているだけというか。だからこそ、ちゃんとルーブリック[*6]を作って行くことが必要なんだよね。探究のプロセスみたいなものを評価するためには軸が必要。その学校における、抽象的だけど客観的な指標というか。それが作り込まれて、共有されていれば「ずるい」ってことにはなりにくい。で、それを作るためにはアドミッションポリシー[*7]がしっかりしている必要があるし、ブルーム・タキソノミーを理解して軸を持っている必要があるわけだ。

矢萩　ブルーム・タキソノミーみたいな軸を使うっていう発想がないところが、日本の問題点のひとつですね。この本で石川さんが書こうとしていることって、タキソノミーをちゃんと使ってみようってことじゃないですか。そこまで言わないと、教育者であっても実践しようとしていないし、それ以前に理解をしていない。文科省の人たちだけがやりなさいって言ったって、現場で実践されていなければ何の意味もない。「そんな抽象的なこと、言われたってどうすればいいんだ」っていうふうに、現場の人たちが思ってたら、全然、ダメなわけじゃないですか。抽象的なことを現場に落とし込むことの重要性に気づくことが大事ですね。

従来型のテストにおける評価に関して中立だとか公平っていうスタイルは、生徒の成績を伸ばすためとか、偏差値を上げるためというよりも、誰からも文句を言われないように問題を作ってたら、ああなったっていう、ひとつの形だと思うんです。不公平ですよねって、クレームを言われないための問題作りに、主軸が置かれちゃってる。本来は、生徒がどう伸びるとか、その問題を考えることによって、どう能力が開発されるのかっていうことの方が大事なはずなのに。もちろん、それを優先する場合も不要な誤解を避けるために、できる限り公平にしたり、合意形成をしていく努力は必要ですが、優先順位が高いのは明らかに実質的な生徒の成長なはずです。

ただ、僕は従来型のテスト自体は別に悪いものだとは思ってないんですね。では何が悪いかというと、評価の仕方です。だから、僕はテストや模擬テストは受けたいんだったら、受けてもいいけれども、偏差値は一切見るなと言っています。お母さんたちにも、偏差値とか順位とか、切り離して返してくれと。問題を見直して、「これは知りたい」あるいは、「これを間違えたのは悔しい」という問題だけやり直すなり、解答を見るなり、探究すれば良いんです。それ以外は、もう、全部、切り捨てていいっていう。そうすれば、テストっていうのは、自分が知りたいのに知らなかったこと、できるようになりたいのにできなかったことを知るためのツールとしては、とても優れているというか、わかりやすいですよね。つまり、自己評価のツールとしてテストを使うことは、有効だと思います。「テストは悪だ」というふうに言っちゃうのもバランスが悪いというか、極論過ぎますよね。改善していけばいいわけですよ。

石川　そう思うね。本来は、理解というか、そこまで学習したことを確認していくものだから、子どもたちのためになるはずなんだよね。だから、子どもたちの幅を広げてあげるようなテストであれば、僕は、やったほうがいいなって思う。でも、従来型みたいにブルームタキソノミーの下の方ばっかりを問うて点数をつけるようになっちゃうと、能力を拡張しているのか、能力を閉ざしているのか、わからないよね。やっぱり、テストの目的や効果を、改めてちゃんと明らかにすべきだな。

矢萩　いいところを評価されないことによって閉じちゃってる子が、少なからずいるんですよね。偏差値評価とはちがう軸に才能がある子が、そっちだけで評価され続けると、全体的にやる気がなくなってしまいます。自分は価値観が違うと突っぱねられる子の方が、圧倒的にマイノリティですから。大抵は「自分はダメなんだ、評価されないんだ」というふうになっちゃいますよね。評価されないことと、相手にされない孤独感みたいなものが隣接しているのも現在の教育の問題だと感じます。

そうなっていったことには、大学の構造の問題も大きいと思います。元々、ヨーロッパで大学ができはじめた頃は、みんなAOだったわけですよ。自分が教わりたい教授のところに行って面接を受けて、合格したり、合格しなかったりというのは、全部、その教授が、決めたわけです。そこでは、責任の話が明確に出てくるんですよ。たとえば、優秀な学生が育った時に、当然、誰の教え子かということになる。逆に問題を起こしたり、成績が悪かったりしても、誰の教え子かということになります。「誰だ、合格させたのは？」ってなった時に、「私が合格させました」という教授が、必ず存在するわけです。それで、「私が入れたんで、私がなんとかします」とか、「私が面倒を見ます」みたいな師弟関係が、自然にできた。そこには全然、公平さなんてないわけです。私が入れたんだから、私が面倒を見るという関係。そういう人間関係のなかで、学びが深まっていく。そっちのほうが、自然だと思うんですよね。定量評価の入試の場合、たとえば問題がある生徒が出てきた時に、合格点を取って入学したのだから、誰も責任を取る必要がない。この誰のせいでもないという感覚が、学生たちに疎外感を与えているんじゃないかと感じています。そういう人間関係がないままオンライン化しますって言われたら、やめたくなる気持ちも分かります。そういうテストが圧倒的にスタンダードになってしまっていて、ＡＯですらそんな雰囲気があるのが問題だと思うんです。

石川　でも、これからの社会では、揺り戻しがありそうな気がするね。海外進学も増えていくし、テストに関する日本のそういう感覚が、海外ではスタンダードではないってことも、だんだん広まってくるんじゃないかな。ブルーム・タキソノミーに根ざしたテストみたいなものも、帰国生入試なんかでは普通に出題されるようになってきているしね。

このテーマを追いかけて、だいたい20年くらいになるけれど、「ゆとり」の時に、なんとかなるかと思ったら、ならず。そのあと、震災があった２０１１年から、そういうムーブメントが出てきたかなと思ったんだけど。安倍政権になって、教育改革って言いだしたけど、失速して、なくなりそうだなって思いかけたところに、このコロナ禍。ようやく学校をメタに見る機会が出てきた。この本の誕生は、そこにあると思うんだけど。今後の社会を見れば、大きな変化の目があるから、会社とか、コミュニティとか、そういうものの作り方やあり方も変わるだろうなっていう気がするよね。

矢萩　学校の文脈とは別に、民間でもこの数年、急激に探究型の学びに注目が集まってきて、流れが変わりはじめていたのは肌で感じていました。特に一定数の保護者が、従来型の教育や中学受験などに対して問題意識を持ち始めたというのは、僕もこの業界で20年以上やっていますが初めての感覚です。そこで今回のコロナ禍で、教育の現場から無理矢理、強制的に引き離されたから、強制的にメタ認知に持ってかれたというところはありますよね。初めて一歩、引いたところから、学びというものを見る機会になったわけですね。その結果、教育に対して期待してる保護者と、失望している保護者と明確に分かれてきた感じがします。

石川　学校というものに、囲えなくなった。みんなが、家から学校を見ちゃったという。親も子もね。で、その結果、「学校って何なんだろう」「教育って何なんだろう」って考えるきっかけになったわけだ。親も家にいて、子どもとどう接しようかということに直面したり、自分も働いてる中で、社会がどうなっていくのかってことを考えた。まさに、人の心を大きく変えていく局面だと思う。教育に任せられる役割は、大きくなってるんだろうなと感じますね。

これからの教育業界

石川　僕は多様な学校が存在してほしい。現状では、あまりにも軸も少ないし方向性も限られているよね。たとえば、N高みたいな方向性だけでなくて、躾（しつけ）だけやってるような学校があってもいいと思うんですよ。あるいは、探究的な学びに特化した学校もあってもいいと思うし。偏差値的な学びを追求するっていう学校があってもいいと思うんだよね。もっと多様な選択肢というものが、あっていいんじゃないかなと思う。幼稚園なんかを見ると、結構、多様な教育をされているんだけど、小学校になると、比較的、横一線になっちゃうんだね。せいぜい英語をやるとか、やらないくらいの違いしかない。でもそうじゃなくて、義務教育段階が、もっと多様な教育の選択肢を、持ってもいいんじゃないかと思うんだよね。

今回、「評価」「探究」「ICT」という3本立てで、書いているんだけれど、探究やICTというものが、もっと中核に座ったような学校というものが、何割か誕生してほしいと思うね。ただ、その道は険しいだろうなとは思っているので、こういうふうに本書いたり、いろんなことをして発信する立場で、いまは動いているんだけど。さっきの、最後の矢萩さん話じゃないけど、自分の中の目標って、非常に、いま、フワっとしていて。ただ、教育の多様化をしないと、救われない状況だと思っていて。だから、保護者も自分たちで考えて、多様な取るべき道があるんだなということをわかってほしい。結論を言う本ではないと思うんですよ。こういう考え方もあるという本です。親が我が子の教育に対して、自分軸をちゃんと持ってもらいたいなというふうに思っています。

矢萩　たとえば、石川さんは学校の内部にいらっしゃるわけですが、中から見ていて、小学校、中学校、高校、大学と、どれがいちばん、変わらなそう、変わりそう、という感覚がありますか？

石川　おお、結構、究極な質問だね。小学校は、なかなか、変わらない気がするな。小学校の先生自体が、社会生活と分断されちゃってるかなって気がするな。正直なところ。中学と高校は、ある程度、行ったり来たりして、なんとなく感覚が通じるんだけど。小学校だけは、ちょっと、ムラみたいなところがあるんだよね。中高の先生も、小学校のやってることって、よくわからないんですよ。なんだけど、小学校のうちで、子どもたちが、持っているいろいろなマインドを潰さないでほしいんだけれど、そのやり方が、いちばん見えてないのが小学校かな。自分たちのことを、いちばん認識できていないという感じがしますね。で、中学受験になって、初めて親たちもわかるという。小学校の教育に関して、親たちが、もっと、自覚的じゃないと、ダメかなあという気がするな。だから、特殊な小学校があっていいんじゃないかなという気がするの。

矢萩　自然の中で、時間をかけて遊んだり作ったりしながら本質的な学びを目指すコンセプトの軽井沢風越学園だとか、あとはフリースクール系でも特殊な学校ができつつはありますよね。僕が関わっている中では、ラーンネット・エッジという神戸のスクールでは、大人からテーマを与えられるのではなく、生徒それぞれが決めて授業の内外で進めていく本質的な探究を実践しています。どちらも小中が接続しているので、ゆとりを持って探究できているように感じます。

石川　そうそう。特殊な感じだけど、実は、「それでいいんじゃない」っていう小学校が、選択肢として誕生してもいいかなあという気がするんだよね。で、どっちかっていったら、私立の小学校自体が、大学まで安心とか金持ちが行くみたいなのとか、ちょっと、英語とかパソコンがある、みたいな、そういう売り方しかないから。やっぱり、私立の、たとえば、小学校なのか。いや、公立も、そういう選べる小学校が、たとえば、地域の5校のうち、1校はそういう小学校にしちゃうとかね。それはアリなんじゃないかなと思うけどな。

矢萩　なるほどね。小学校は変わりにくい。ただ、あまり変わらないにせよ、ゆっくりとは変わっていくという予想ですよね。

石川　ゆっくりでしょうね。これは東京の場合だけれども、私立の中学高校はある程度いろんな仕掛けをしていくので、私立がやったものを、公立がマネるみたいな形態が、多少なりともあります。でも、小学校は、そういう風に公立がマネるということが、全くないよね。基本が躾になっちゃっている。もちろん、躾は大事なんだけれど、教科まで躾になっちゃっているのが問題。小学校を何とかしたいね。正直なところ。

民間の問題と展望

石川　民間でもコロナ禍で問題が出て来ていると思うんだけれど、どうですか？

矢萩　塾業界も、二極化が進んでいますね。今までのスタイルで貫こうという保守的なところと、積極的にオンライン化を進めていこうというところと。僕のやっている知窓学舎は最初から探究と受験を両輪で、というような特殊な方向性なのですが、登塾が再開しても、オンラインと対面のハイブリッドで授業を行っています。他塾ではそういう方針はまだあまり聞かないですね。だいたいどちらかを選択する感じです。僕のところではコロナで出て来た問題というのはないのですが、業界全体で見ると、オンラインだと保護者が授業を見ることができるわけです。で、オンライン授業に移行した大手塾の授業レベルが低くて保護者からクレームが入ったり、僕のところにもかなり多くの相談が寄せられました。講師は講師でいきなりオンラインでやれと言われても難しいですし、会ったことのない生徒への対応や、知らない先生からの引き継ぎなどが多発してかなり混乱している塾が多かった印象です。

また、同時に保護者の意識として、「予測不可能な社会で生きていくためには、従来型の詰め込みや受験対策の教育では心配」「今をもっと楽しく好きなことをやって過ごしてほしい、新しいワクワクする学びに期待したい」という価値観が増えてきて探究型に注目が集まってきた一方で、「やっぱり大手の安定した会社に就職しないとこの先心配だから、良い大学に行くために中学受験しなきゃ」という従来型の価値観が強化されているケースも目立ってきました。

石川　じゃあ、全体で見ると、探究型が増えてきているわけだ。

矢萩　これは首都圏の話ですが、絶対数で言えば大手塾に行こうというマインドの保護者は減ると思います。で、探究系の塾に流れて来ます。でも、探究塾もピンキリです。流行りに乗ってとりあえず「探究」って言っているだけの塾も増えてきました。そもそも、従来型の塾に通わせていた保護者にとって、探究系は塾内の評価軸が謎じゃないですか。学校の成績が上がるとか下がるということでもない。だから、ちゃんと軸を持った塾であるかどうか、保護者が目利きできる必要があります。探究は人気が出てきたのに選び方がわからない保護者が大半なので、比較サイトを巧みに使ったマーケティングビジネスなんかも進出してきています。

うまいこと、相性のいい塾や講師に当たった保護者は、「子どもが生き生きしている！やっぱり探究型は素晴らしい！」ってなりますし、そうでないところに当たっちゃったら、「なんか全然、訳わからなかった。やっぱり受験ね」って、戻っちゃう。その辺のリスクが、すごく高い状態です。とにかく探究の本質が理解されていないで、名前だけが先行している。

石川　こういう不安な時だからこそ、大手っていう人は、一定数は存在するんだろうけれど、本当に寄りかかっていて期待通りのものが得られるかというと、微妙だよね。大手塾って、本来設計されているカリキュラムで学べる層って、３割いるかいないかくらいなんだよね。実績を出すのもその３割。でも残りの７割で収益を出しているわけだ。

矢萩　「お客様」と呼ばれている層ですね。この層はだいぶ、減ると思います。いま、探究系に流れてきてるのも、その層ですね。彼らは従来型の学びに合っていなかっただけで、好きなことや楽しいことであれば実にのびのびと才能を発揮するケースが多いです。その点はとても良い流れだと感じています。

石川　いままでは、大手でうまく行かなかった子達を、準大手みたいなところとか、補習塾や個別指導みたいな業態が拾っていたのだけれど、はっきり言って、そもそも教育観がなかったり、微妙なところが多かった印象なんだよね。ここが、どう変化するか。塾も、多様性をちゃんと打ち出していかないと。まあ、塾の方が商売だから、学校よりも先に動いていくでしょうね。

矢萩　もちろん、動く塾は出てくるはずなんですけれども、ちゃんと動ける塾はそんなに多くないと思います。しばらくは、どんどん新しい塾ができてはつぶれ、という感じだと思います。そもそも、探究型の学びをしたいと思ったら、そういう実践やチャレンジを行っているのは私学ですから、現状では中学受験という選択が現実的なわけです。でも、その中学受験が従来型で４科目受験だったりするわけですから、探究のためにガマンして詰め込みをやるみたいな、よくわからない状態になってしまっている。かえつ有明の「アクティブ・ラーニング思考力入試」だとか、聖学院のレゴブロックを使った「ものづくり思考力入試」だとか、そういう本当によく考えられた新しい入試が増えていかないと、塾自体が変わるのはだいぶ先になってしまうんじゃないかという懸念もあります。実際、大手塾の講師に話を聞くと、全く変わることを想定していない人が多いですね。

石川　そうだねえ。大手塾の存在意義は、要するに受験対策だからねえ。僕が期待するのは、学校に寄生するような形の塾ではなくて、矢萩さんのところみたいな、自立した学びの塾というか、江戸時代的な私塾だよね。学校という形態ではないけど、そこに集って学ぶ場。そういう場が、増えてほしいよね。それはとても、ありがたい選択肢になる。学校が10年かかって変えるっていうんだったら、その間の学びを保証する場所がないと、困るじゃないですか。だから、そういう良質な塾が誕生してほしいけど。学校に寄生すると、学校が変わらないと、変わらないという体質になっちゃう。

矢萩　そうなんですよ。入試に受かるための対策を始めちゃうと、ダメなんですよ。そこが伝わりにくいというか、いちばん難しい壁ですよね。多くのＡＯ対策塾とかもそうだけれども。本質的な学びって、逆算じゃないんですよね……。

民間と学校の連携

石川　最後に、学校と民間が協力していく可能性について話したいのだけれど、だいたいこういう話って学校か民間か、どちらかを落とすような話になっちゃうんだよね。妙に対立させたがるというか。矢萩さんは「教育業界に競合はいらない」っていうポリシーで活動されているじゃないですか。その辺、どうですか。

矢萩　先ほど石川さんがおっしゃっていましたが、学校の変革期に、別の学び場として存在するのが民間の存在意義だと思います。そして、民間だからこそ変わったことや尖ったことも実践できる。そこまでは多くの塾業界にいる人たちとも共感できるところです。でも、大事なのはここから先で、まず学校と別の学び場として存在するのであれば、連携することでより安心で良質な学びを提供できると思っています。これは、範囲や傾向などの入試情報を出すとか、保護者を啓蒙して受験生を送り込むとか、そういうどちらかが寄生するという話ではありません。同じ生徒が通っている学び場同士が、アドミッションポリシーだとか、ブルーム・タキソノミーなどの理解を共有することでよりよい環境を作れる可能性があります。さらに僕は探究学舎やラーンネットをはじめ他の探究型の塾やスクールとも、定期的に情報交換をしたり、連携して授業を展開したりしています。普通だったら完全に競合他社なのですが、それぞれコンセプトや哲学がしっかりとあるので、協力することで問題が起きたことはありません。生徒も自由に行き来しています。

さらに、自分たちの実践でうまく行っていることがあれば、学校ともどんどん連携した方が良いです。たとえば僕は、聖学院中学校・高等学校に学習プログラムデザイナーとして関わっていて、現在、来年度新設される「グローバルイノベーションクラス」で実施される教科の一つである「リベラルアーツ」のカリキュラム作りを担当しています。もちろん、僕も現場で授業を担当します。その他にも、小中高大すべてで出前授業を行ったり、教員研修なども行っています。逆に湘南学園の先生たちに知窓学舎で講師をして貰ったりもしています。僕にとっては普通のことですが、大学受験予備校講師以外の多くの塾講師は学校と関わるなんてスゴイ、とか、普通じゃない、とか、あなたが特殊なだけだ、という反応です。ものすごく大きな壁があるんです。でも、その壁の正体って石川さんの言う

「教育観」が曖昧だからだと思うんですよね。お互いに自分はこうだ、って明確に言えたら、じゃあ一緒にやりましょうってケースの方が多いんじゃないかと感じています。教育観が曖昧だったり、堂々と言えないようなものだったりするのなら、自ずと不用意に近づくのはやめておこう、というマインドになりますよね。

石川　なるほど、そういえば矢萩さんは最初っから、学校の先生たちのなかに普通に混ざっていたよね。面白い。良いものはどんどんシェアして、お互いがアップデートしていこうって言うマインドだね。やっぱり、ブルーム・タキソノミーかな。

矢萩　まさにそうだと思います。だから、まずはそういう民間と学校が協力しながら、教育業界全体の底上げというか、アップデートをしていきたいですよね。成功例が見えれば、うちもやってみようというところがさらに増えてきて、楽しいことになってきますよね。

＊1【デューイ】［1859-1952］アメリカの教育学者。シカゴ学派の中心人物としてプラグマティズムを牽引し、

とりわけ「経験」と「探究」についての思想は現代の教育に大きな影響を与えている。主著は『論理学：探究の理論』(1908)、『民主主義と教育』(1916)。

＊2【フリースクール、マイクロスクール】アメリカにおけるフリースクールは「第2の教育」「脱学校」を目指す教育施設を指すが、日本においては不登校や登校拒否の児童・生徒のために学習支援をする施設を指す。日本はホーム・スクーリングが制度化されていないため、フリースクールや、より少人数で最新の技術を活用するマイクロスクールにも期待が寄せられている。

＊3【一条校】国が認める狭義の「学校」のこと。学校教育法第一条にある、幼稚園・小学校・中学校・高等学校・中等教育学校・特別支援学校・大学・高等専門学校を指す。専修学校やその他の各種学校は一条校には該当しない。

＊4【SDGs（持続可能な開発目標）】(Sustainable Development Goals) 2015年9月の国連持続可能な開発サミットで世界193か国が合意して採択された、世界が2016年から2030年までに達成すべき17の環境や開発に関する国際目標のこと。近年では、企業や学校でSDGsに関連した活動が盛んに行われている。

＊5【炭谷俊樹】日本における探究型学習の第一人者の一人。マッキンゼー・アンド・カンパニーを経て、ラーンネット・グローバルスクール代表。神戸情報大学院大学学長。主著は『第3の教育-突き抜けた才能は、ここから生まれる』(2000)。

＊6【ルーブリック】学校教育などで目標達成度を評価するために整理した指標。具体的な目標や達成レベルを量的あるいは質的に判断できるように表になっているものが多い。

＊7【アドミッションポリシー】カリキュラム・ポリシーに沿って授業を受ける準備ができている生徒を選抜するために、どのような生徒に入学してほしいかを示したもの。

第5章
学校における探究型の学びとPBL
――ブルーム・タキソノミーの活用

そうは言っても、大学入試で役に立つの？

「そうは言っても、大学入試で役に立つの？」

何度、この言葉を聞いたことでしょう。ディベート、総合学習、アクティブ・ラーニング、ＰＢＬ、そして探究……。

新しい教育手法が話題になるたび、必ずと言っていいほど教育現場から否定的な声が戻ってきます。この言葉の次には、「教育的には正しいと思うけど、保護者はそんなことは望んでない。きれいごとを言っても、大学に入れてくれという保護者のニーズに応えられない」と悲しい言葉が返ってきます。

では、本当に新しい教育手法が大学入試に役に立たないのでしょうか？　もちろん、そんなことはありません。

「もしあなたが、ザビエルのように知らない土地に行って、その土地の人びとに何かを広めようとする場合、どのようなことをしますか。６００字以内で答えなさい」

「思考コード」にあてはめたフランシスコ・ザビエルに関する問題

変容 3	A3 ザビエルがしたこととして正しい選択肢をすべて選び、年代の古い順に並べなさい。	B3 キリスト教の日本伝来は、当時の日本にどのような影響を及ぼしたのか、200字以内で説明しなさい。	C3 もしあなたが、ザビエルのように知らない土地に行って、その土地の人々に何かを広めようとする場合、どのようなことをしますか。600字以内で答えなさい。
複雑 2	A2 ザビエルがしたこととして正しい選択肢をすべて選びなさい。	B2 キリスト教を容認した大名を一人あげ、この大名が行ったこと、その目的を100字以内で説明しなさい。	C2 もしあなたが、ザビエルだとしたら、布教のために何をしますか。具体的な根拠とともに400字以内で説明しなさい。
単純 1	A1 （ザビエルの肖像画を見て）この人物の名前を答えなさい。	B1 ザビエルが日本に来た目的は何ですか？50字以内で書きなさい。	C1 もしあなたが、ザビエルの布教活動をサポートするとしたら、ザビエルに対してどのようなサポートをしますか。200字以内で説明しなさい。
	A **知識・理解思考** 知識・理解	B **論理的思考** 応用・論理	C **創造的思考** 批判・創造

首都圏模試センターの資料を基に作成

首都圏で中学受験向けの模擬試験を運営している「首都圏模試センター」が、ブルーム・タキソノミーを参考にして3×3の表を考案して「思考コード」と名付け、中学入試問題の分析・分類や問題作成に使っています。前述の問いは、「思考コード」のC3にあたります。

「もしあなたが、ザビエルのように～」の問いを、歴史の授業で生徒たちに話し合わせたら、どのような話し合いになるでしょうか。「知らない土地に行って～」という場面設定から、想像力を大いに働かせるに違いありません。この問いを通じて、5分間でも頭を生徒が頭を使ったとしたらどうでしょうか。その後にザビエルについて授業で学んだとしたら、内容の理解も深まり、記憶にも残りやすくなることは間違いありません。

このような「正解のない問い」を考える学習の代表が、PBLです。PBLは、アメリカの教育学者デューイが提唱した、振り返りをしながら問題解決をしていく過程で新たな知識や能力、態度が習得されるという学習方式のことです。知識を活用することで学びは深まり、結果知識の定着度も高まります。このような学び方であるならば、既存の大学入試にも役に立ちますし、企業の仕事もプロジェクトベースなので、社会に出てからも役に立ちます。

「社会は暗記物」多くの保護者の方はそう認識しています。実は、悲しいことに大概の教員も同様で、社会科のテストが悪いと「なぜちゃんと覚えなかったのか」と生徒に声がけしている場面によく出くわします。さらに残念なことに、社会科の教員ですら、そういう人が存在します。例として社会科の学びとＰＢＬの学び方に関して取り上げましたが、ＰＢＬ的な学びは地理・歴史・公民をはじめとした社会科の各分野はもちろん、あらゆる教科で可能です。

ＰＢＬや探究的な学びでも従来型の学力を付けることはできます。それどころか、テストや入学試験を超えて、社会に出て活かせる「生きる力」を養成することにもつながります。「合理的に偏差値を上げる学習法が優れている」という実は本末転倒な考え方が一般的であり続けている現状、学力観に関する大人の理解不足、もっと言うと「誤解」は、まさしく「教育リスク」そのものと言えます。

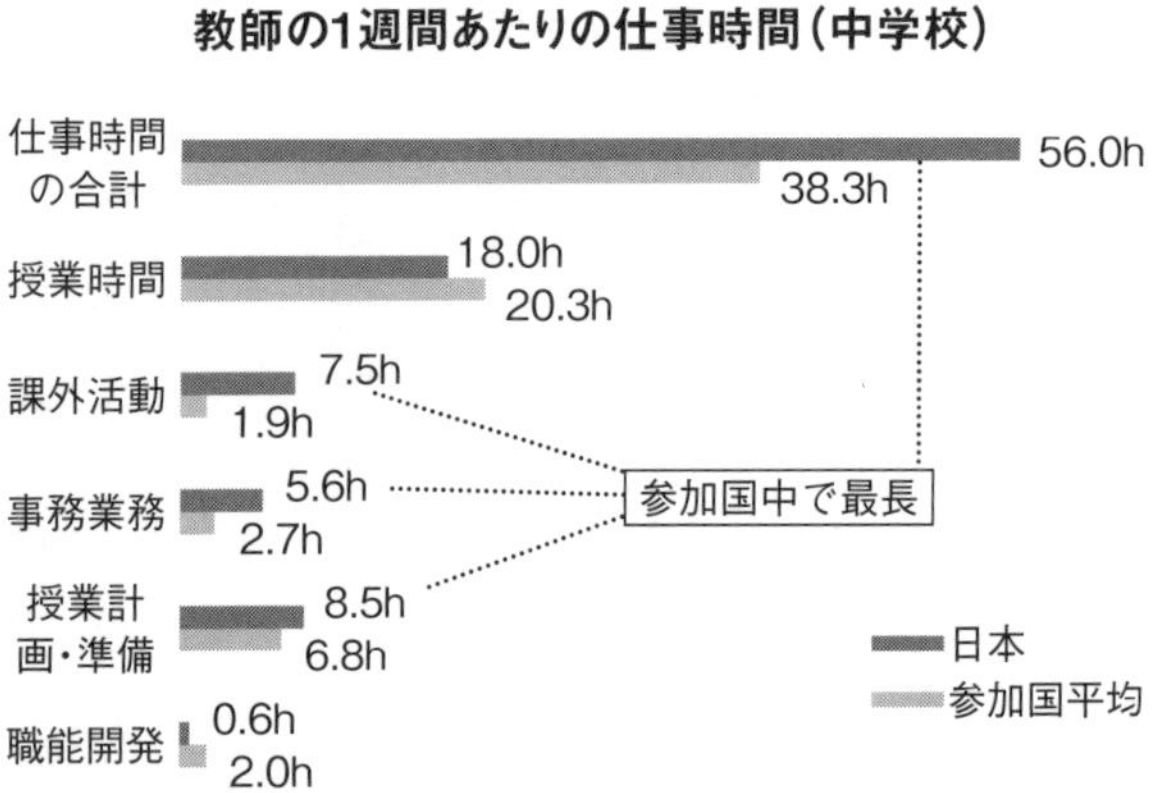

OECD加盟国等48か国・地域が参加。日本では2018年2月～3月に中学校約200校の校長、教員に対して質問紙調査を実施
TALIS（OECD国際教員指導環境調査）2018による調査結果を基に作成

部活動は悪者か？

近年、教育現場の働き方改革が話題になります。長時間の残業が当たり前のように各学校では行われています。会議や打ち合わせ、教材研究、保護者対応、そして部活動。教師の仕事は、終わることがありません。

残業の話題となると避けて通れないのが、部活動です。長年、教育現場にいて目の当たりにするのは、「部活命」の教師が必ずどの学校にもいること、一方で、いやいや運動系の部活の顧問にさせられて、土日もほとんど休めない状況で、部活を憎んでしまっている教師の存在です。

その一方で、２０２０年３月に学校が一斉休校になった際、まず子どもたちから上がった声は次のようなものでした。教師の間でも、学校の存在意義を部活をはじめとした生活面に見出す声も多く、学校というコミュニティの中で、改めて部活動が子どもたちにとって重要な位置を占めていることがわかりました。

・友達に会えない
・卒業式がなくなって悲しい
・部活ができない

部活には、大別すると二つの活動があります
・顧問の教師の強力な指導のもと勝利（コンクール入賞）を目指す
・生徒たちが自分たちで活動を計画し、時として顧問の力を借りながら、活動に取り組む

一般的には前者の活動に焦点が当てられがちですが、とりわけ後者は「自律」を学ぶいい機会になると思います。

ブルーム・タキソノミーの情意領域と精神運動領域

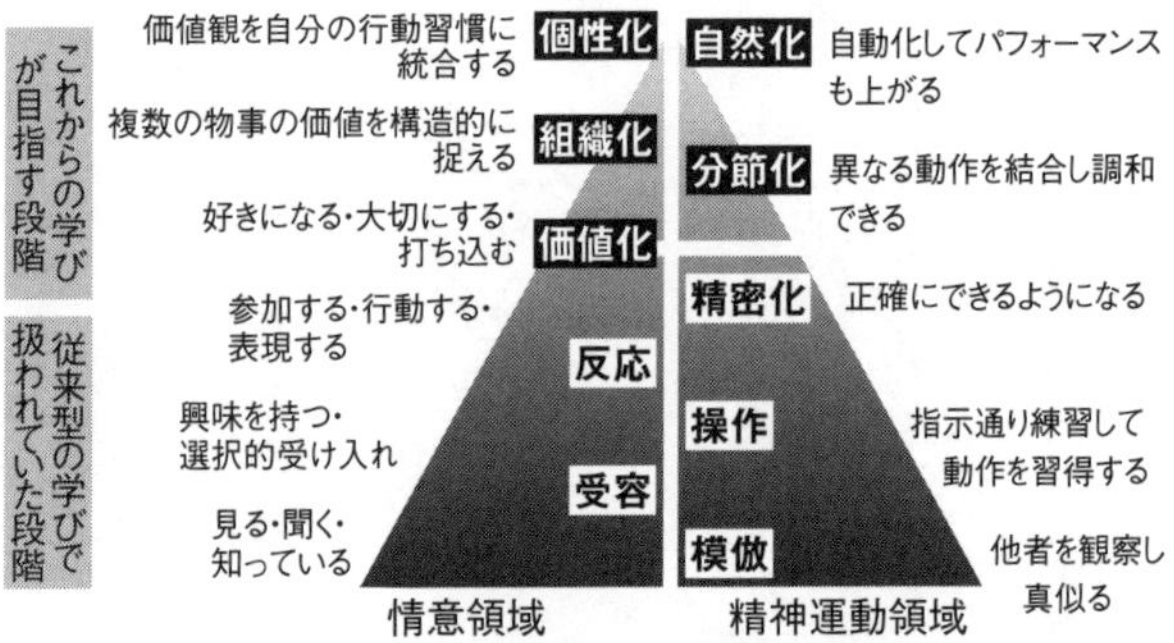

Krathwohl,D.R.,Bloom,B.S.,and Masia,B.B.(1964).
Taxonomy of educational objectives:
Handbook II:Affective domain.New York:David McKay Co.
A taxonomy for learning,teaching,and assessing:
A revision of Bloom's taxonomy of educational objectives.
(Anderson LW&Krathwohl DR.,eds.),Allyn and Bacon,2001を基に作成

ブルーム・タキソノミーに基づいて、部活動の取り組みを考えてみます。日本におけるブルーム・タキソノミーは『認知領域』ばかりが注目されているのですが、『情意領域』『精神運動領域』のタキソノミーも、私たちが持っておきたい大切な軸を提示してくれています。これらを統合することで、様々な問題を解決していく「基盤」ができます。

『情意領域』には、【受容】【反応】【価値化】【組織化】【個性化】とあります。この中で言えば、部活動である競技に「打ち込む」ことは【価値化】にあたります。

『精神運動領域』をみると、部活動の取り組みはそのまま当てはまるのではないかと思います。

【模倣】　他者を観察し真似る

↓

【操作】　指示通り練習して動作を習得する

↓

【精密化】　正確にできるようになる

↓

【分節化】　異なる動作を結合し調和できる

↓

【自然化】　自動化してパフォーマンスも上がる

計画的に練習を積んでいくことで、この段階が上っていくことを体験できます。

『認知領域』でも、【創造】を試合やゲームにおいて相手と対戦する活動と捉えれば、ルールや自分（自分たち）の活動をメタ的に【分析】し、相手チームのことも徹底的に【分析】する、この取り組み自体が「問題解決能力」を高めることにつながります。

部活動のよいところは、自分の好きなことや興味があることを選択して取り組めるということです。そして、それぞれのテーマや競技には、「理想」の像、あるいは憧れの人、先輩やロールモデルが存在します。これは、タキソノミーのピラミッドの頂点が最初から見えているといえます。そして、ゴールのイメージが見えているため、そこに向かおうというマインドを持ちやすいのです。

ただし、部活動には限界があります。それは、どんな活動にしても99％以上の人は生涯を通じてその活動だけでは生きていけないことです。ですから、部活動で得たことを他の活動に【応用】して活かしていく必要があります。

他の活動に【応用】するためには、メタ的に部活動を【分析】する必要があります。せっかくの経験を暗黙知や、実感ベースで終わらせずに言語化したいところです。それは探究的な学びにおける「振り返り」にあたります。振り返りを通じて経験に落とし込み、気づきや学びを言語化することが出来れば、他の活動のガイドラインにもなります。

活動を長期間・複数回こなしていけば、各段階の能力向上が期待できます。タキソノミーの『情意領域』で言えば、【組織化】（複数の価値を構造的に捉える）から【価値化】（価値観を自分の行動習慣に統合する）まで進んでいきます。つまり、教科学習だけを追求していても見えてこない「学びのプロセス」が授業の外側から見えてくるのです。部活動で獲得したものを、学習活動にも活かしていくことで、子どもたちには、学びの達人になってほしいものです。

ただ、注意しなければいけないのは、ここまで書いてきたようなことを自覚したうえで部活動に取り組んでいる教師が、果たしてどれくらいいるのかわからない点です。残念ながら、現状ではあまり多くはないと感じますが、新しい学びの浸透とともに、そういう価値観やマインドを持った教師が増えていくことに期待しています。

多様な大学入試

タキソノミーに基づいた「学びの達人」になると、大学入試にも道が開けてきます。

> 私たちの食について考えよう。食は、美味しく、楽しく、健康的に、安く、早く、安全に、無駄なくなど、様々な価値基準から論じることができる。あなたが入学後に取り組みたい工学分野の研究や開発によって、どのように食の価値を向上させることができるか、独自の考えを具体的に記しなさい。必要に応じて自筆の図を用いてもよい。
>
> （平成31年度東京大学工学部推薦入試小論文課題）

東京大学のＨＰによると、

「東京大学では、学部教育の総合的改革の一環として、多様な学生構成の実現と学部教育の更なる活性化を目指し、平成28年度入学者選抜から、日本の高等学校等の生徒を対象に学校推薦型選抜（旧推薦入試）を実施しています」

とあります。新しい選抜方法も導入されているのです。

この問題は工学部のものですが、工学部からは

「工学部では、科学技術を通じて、社会の多様な課題を解決することに強い関心を持ち、専門知識を駆使して社会課題解決やイノベーションを先導する意欲のある学生を求めています。工学を学び、そして未来を切り拓いてみようと思う皆さんの出願をお待ちしています」

という崇高なアドミッション・ポリシーも提示されています。ちなみに、募集人数は100名程度ですが、合格者が60～70人に留まっていることからもアドミッション・ポリシーを大事にしている姿勢がうかがえます。

大学はそもそもどんな人材が欲しいのでしょうか。少なくとも東京大学工学部では「真面目で要領よく努力」する人材とは言っていません。推薦入試というと、高校の授業を真面目に受けて、日々コツコツと努力を続け、定期テストで高得点を取った生徒、というイメージを皆様お持ちかもしれませんが、それだけではないのです。大学での学びに十分耐えうる、いやそれどころか大学で研究し、その延長線上で社会課題に取り組み、イノベー

コンピューターとスーパーコンピューターを併用することで計算速度を上げ、頻繁なアップデートに耐え得るよう設計する。臨機応変な対応が可能になるため、日本のように災害の多い国にも有用となる。

このように、利用・処理時の最適システムと、配布・廃棄時の最効率ルートを組み合わせることで世界規模の最適水システムが実現すれば、自ずと水不足は解消される。よって、量子コンピューターは安定供給という基準で食の価値を向上させる、と考える。

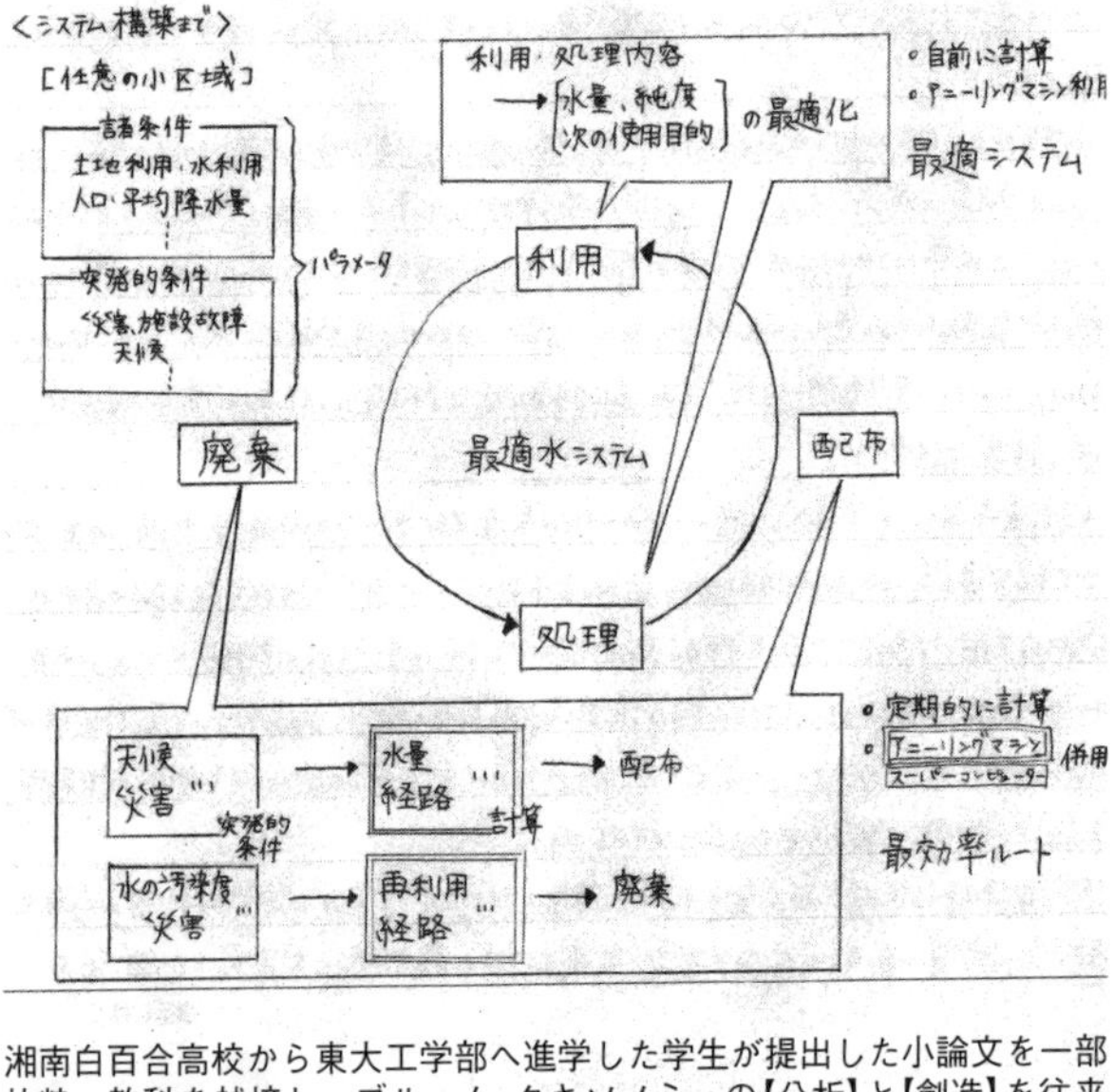

湘南白百合高校から東大工学部へ進学した学生が提出した小論文を一部抜粋。教科を越境し、ブルーム・タキソノミーの【分析】と【創造】を往来しながら探求している様子がわかる。

ションをおこし、未来を切り拓く、そんな人材が欲しいと宣言しているのです。

この小論文課題は、改訂版ブルーム・タキソノミー『認知領域』の【創造】に該当しています。矢萩さんのモデルにおいては、【創造】は、設計・管理・開発・表現というキーワードが割り当てられています。まさに、大学での学びや研究が該当する段階です。

小論文課題としては、【記憶】【理解】【応用】は当然のこととして、【分析】し【評価】する力が強く求められています。【分析】には、分類・構造・類推・相関・予測、【評価】には、メタ認知・編集・仮説・構想というキーワードがそれぞれ当てられています。タキソノミーはモデル化するために抽象化している上に、英語からの翻訳ですので、このように複数のキーワードから理解した方が構造を捉えやすいと思います。

では、このような小論文課題に対応できる生徒が、はたして高校の授業だけで出てくるのでしょうか。現状、授業だけではほとんどの場合【記憶】【理解】までで、頑張っても【応用】くらいまでしか扱うことができていないでしょう。

この問題の場合、「食」に関しては社会科や理科、家庭科で扱います。工学分野の開発は理科の領域でしょうか。いずれにせよ、複数の教科をまたがった知識を統合することが要求されています。そして、世の中の動きにアンテナを立てて、自分で情報を取りに行くことが求められています。授業ですべてを扱うことはできません。生徒たちは授業内で真面目に努力するだけではなく、自律した学習者になる必要があります。

自律した学習者を育成するために、学校は何が出来るのでしょうか。それが「総合」であり、「探究」なのです。

総合的な学習の時間

2002年から導入されたいわゆる「ゆとり教育」では「総合学習」が導入されました。そして、今回の新学習指導要領では、「総合的な探究」が始まります。多くの学校で、今この「総合的な探究」をどのように教えていくのか、頭を悩ませています。マニュアルが確定していません。評価もどうしていいのかわからない状況です。そのような前提の上で「総合的な探究」に向き合っている学校こそ「未来を切り拓く学校」であると言えます。

「総合的な学習の時間」は、2002年度から実施された、いわゆる「ゆとり教育」時の学習指導要領で新設されました。新設のねらいは、「社会の変化に対応できる資質や能力を育成するため、教科を超えた横断的・総合的な学習を推進するため」とされています。学校教育を教科ごとのタテ割りで捉えるのではなく、複数の教科を横串にさそうとしたのです。

そして、その運営方法は「各学校が創意工夫を生かした特色ある教育活動を行えるような時間を確保する」とされており、教える側も自由に創意工夫をして特色ある教育活動を展開することが求められ、とされ、具体的な学習活動として、文科省からは以下のガイドラインが示されました。

「例えば国際理解、情報、環境、福祉・健康などの横断的・総合的な課題、児童生徒の興味・関心に基づく課題、地域や学校の特色に応じた課題などについて、適宜学習課題や活動を設定して展開するようにすることが考えられる。その際、自然体験やボランティアなどの社会体験、観察・実験、見学や調査、発表や討論、ものづくりや生産活動など体験的な学習、問題解決的な学習が積極的に展開されることが望まれる」

『情報化の進展に対応した教育環境の実現に向けて』

「総合的な学習の時間」のねらい、運営方法、内容のガイドラインをみると、とても理想的に感じられます。「総合的な学習の時間」は、既存の枠組みにとらわれない自由度の高い時間で、教科学習で身につける力と実社会で求められる力との橋渡しをする役割を担う時間として導入されたとも考えられます。

では、「総合的な学習の時間」は、教育現場でどう受け止められたのでしょうか。実は、大混乱でした。教科書もない、テーマも指導方法も自由なことをどうやって教えたらいいのかがわからない、といった声がどの学校でもあがりました。

ここに、今にいたる以下のような教師の根本的な問題があると思います。

①社会課題に直面し、それに対応した経験に乏しい

社会課題は、様々な要素がからんでいます。新型コロナウイルスへの対応を例に教科と結びつけながら、考えてみます。新型コロナウイルスがどんなものか、理科で言えば、どんな化学式になるか、対応するには何の成分が入ったワクチンが必要か、といった点があります。社会からすれば、歴史上感染症にどんな対応をしてきたのか、ペストやスペイン風邪などを例に考えられます。数学的に言えば、人から人にどのくらい移るのか、実効再生産数の考え方があります。そして対策面では、感染防止拡大か経済を回していくのか、この原稿を書いている２０２０年の秋段階では、常に複数の視点が求められています。

現在、社会では多くのプロジェクト型の仕事が行われています。正解のない問いに対して、最適解が求められています。しかし、教師の多くが慣例の踏襲にとどまり、そうした正解のない問いにプロジェクトベースで取り組んだ経験に乏しいのが実情です。

②教科に関して、自分の専門の教科以外にほとんど興味がない

小学校の教師は、複数の教科を担当しますが、中学校・高校の教師は、専門の教科しか教えません。他の教科でどんな学びが展開されているのかにも興味がない教師の方が多いです。さらに、理科や社会科は教科の中でも専門性が分かれており、「専門外のことはわからない」と公言する教師も残念ながら少なくありません。小学校高学年でも教科担任制が検討されており、この傾向はさらに拡大する可能性もあります。

③教科のねらいが、大学入試から逆算したものがほとんどで、本質的なねらいを理解していない

教師の学びのゴールは、大学受験から逆算されているケースが圧倒的に多く、「先生、何故この教科を学ぶ必要があるのですか?」という生徒からの問いに関して、受験対策以外の答えを、具体的にわかりやすく答えられる教師は少ないと感じます。

大混乱の中で、「総合的な学習の時間」をやっているよりも、教科の学習を知識習得中心にしっかりとやって学力をつけた方がよい、という声が高まりました。一方、多くの保護者も「まずは大学進学」と考えるケースが多く、そういった教師とシンクロしたのです。もちろん、「総合的な学習の時間」の重要性を理解し、地道にプログラムを開発してきた教師も少数ですが存在しました。二つの勢力が存在しながらも、情報革命の進展や急速なグローバル化、そして今後はAIの進化と、学校を一歩出た社会は大きな変化をとげ、今後もこの流れが加速していくことは確実になってきたと言えます。新学習指導要領によって促された「総合的な学習の時間」から「総合的な探究」への進化は、社会情勢の中から必然的に起こってきたことなのです。

総合的な探究

職員室をみると、「ゆとり世代」の教師がいつの間にか増えてきました。あと10年もすれば、彼らも主任や部長といった中間管理職を担うようになるでしょう。また、保護者も「ゆとり世代」が増えていくことは間違いありません。

「ゆとり教育」から20年あまり経ち、徐々にではありますが教育の現場も変化しています。前項でお話したような守旧派的勢力も依然声が大きいのは事実ではあります。しかしながら、長年「総合的な学習の時間」に取り組んできた教師も増え、その教育活動を言語化し抽象化することで仲間を増やしています。特にＳＮＳは新しい教育の試みをする教師同士が集う場となり、学校を超えた研修などの情報交換や研究の場も誕生しました。

学校外でも民間から教育をサポートする人たちが増えてきました。本書に協力していただいている矢萩さん・田中さんを含め、学校以外の社会を生きている人たちは、教師とは異なる視点を持っているケースが多く、次のステージに向かう素地は出来てきました。「そ

う は言っても……」という旧来の学習観をお持ちの保護者も当然多く存在してはいますが、新しい教育に賭けてみようという方も徐々にではありますが増えてきたと感じます。これは大変心強いです。

「総合的な探究」について文科省の言葉を借りながら説明します。

文科省は、探究を「物事の本質を自己との関わりで探り見極めようとする一連の知的営み」と定義づけたうえで、その詳細な定義を

①日常生活や社会に目を向けた時に湧き上がってくる疑問や関心に基づいて、自ら課題を見付ける

②そこにある具体的な問題について情報を収集する

③その情報を整理・分析したり、知識や技能に結び付けたり、考えを出し合ったりしながら問題の解決に取り組む

④明らかになった考えや意見などをまとめ・表現し、そこからまた新たな課題を見付け、更なる問題の解決を始めるといった学習活動を発展的に繰り返していくとしています

考えるための「方法」・「スキル」を「主体的」「協働的」に学ぶ

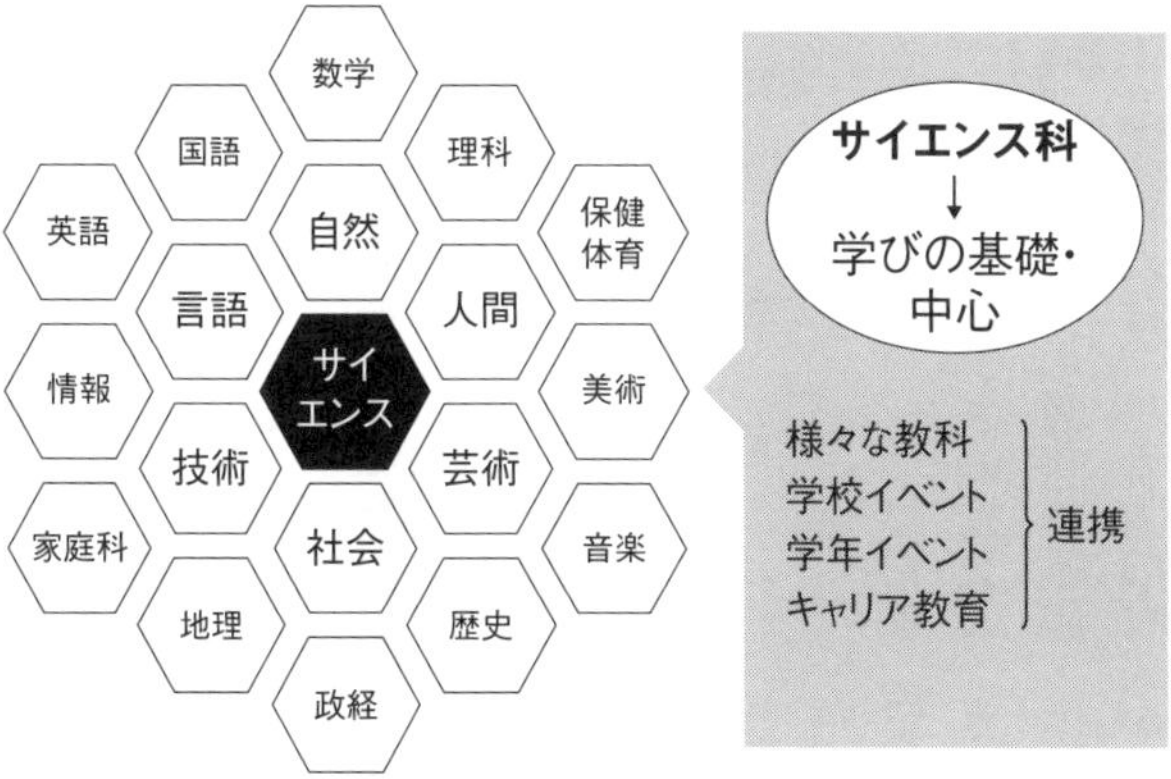

中学1～2年（週2回）中学3年次(週1回)

考えるための「方法」と「スキル」とは

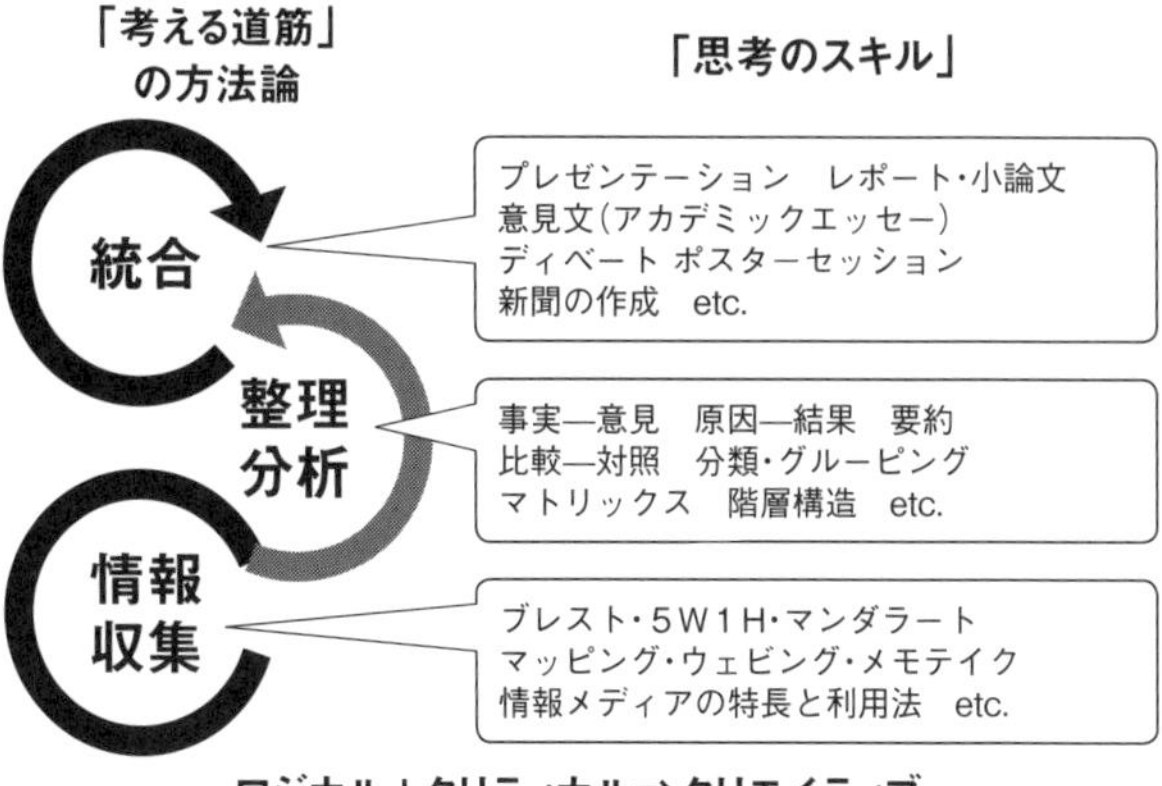

ロジカル＋クリティカル⇒クリエイティブ

いかがですか？　今後の日本人の生き方のベースになる教育活動として捉えられていると感じます。

次に、学校現場における「総合的な探究」の先進的な実践を紹介していきます。

かえつ有明中・高等学校の取り組み

かえつ有明中・高等学校のカリキュラム・ポリシー[*1]には三つの柱があります。

・「自分軸の確立」
・「共に生きる」
・「学び方を学ぶ」

３本の柱のうちの一つである「学び方」を学ぶに該当するのが、中学校で学ぶサイエンス科です。サイエンスの授業は、カリキュラム上では「総合的な学習の時間」に該当し、この時間をすべての教科の基礎・中心（ハブ）として位置づけています。生徒たちの学力を向上させるには、思考力の育成が必要不可欠です。以前から思考力の育成の重要性は語

「方法」と「スキル」を「コンテンツ」にのせて…

<実施例>

『マスコットキャラクター』をつくろう
『新しいカップ麺』を企画・提案しよう
『MY STORY』
『未来予想図 from 2020』
『新潟県阿賀町』プロジェクト
『&TOKYO』プロジェクト
『意見文（アカデミックエッセー）』
『VS大人（ディベート）』プロジェクト
『スパイダーウェブディスカッション』
『夢』プロジェクト
『世界を変える0.1％』プロジェクト

「ワークブック」＝方法＋スキル＋“わくわく感”

られてきましたが、具体的に何をしたらいいのかは明確にされてきませんでした。かえつ有明は、「考える」ための「方法（プロセス）」・「スキル」を学ぶ授業を全教科の教員で開発してきたのです。「考える道筋」の方法論は、「情報収集」から「整理・分析」そして「統合」とブルーム・タキソノミーをベースに考えられており、それぞれの過程でのスキルも明示されていて、授業で生徒たちはワークシートなどを使ってトレーニングします。

私も教師の一員としてこのサイエンス科の開発に関わってきました。こだわりたかったのは、学校におけるあらゆる教育活動がばらばらに運営されるのではなく、授業も部活動も特別活動もエッセンスはすべて同じであるという点です。生徒たちが、自分の得意な何かで「考える」ための「方法」「スキル」を獲得したうえで、他の教育活動に活用していくことを狙いとしたのです。そのため、なるべく多くの教師がサイエンス科を教えることで、教師自身の研修にもなり、担当する業務にもプラスの影響をもたらすことを副次的なねらいとしたのです。

プログラムが学内に広がるにつれて感じたのは、生徒たちの表現力が上がったことです。「思考力・判断力・表現力」は一体であるのを実感いたしました。

私が退職した後もサイエンス科は進化が続いています。サイエンス科・プロジェクト科主任の田中理紗教諭によると、その後、「方法」と「スキル」に加えてコンテンツも盛り込まれたとのことです。実際に具体的な何かに取り組むことで、生徒たちの「ワクワク」感が高まり、よりプログラムに対する生徒たちの取り組みが主体的になったのです。

サイエンス科の授業開発が進み、その学びを高校においても十二分に発揮できないかと考えました。自分の人生で取り組みたいテーマを高校3年間で探し、その後の進路を歩んでほしい。そのような学びの場を作ることが出来ないか、学内でプロジェクトチームを作

プロジェクト科

自らの興味・関心と向き合い、学ぶことに向き合う教科。
「答えのない問い」の「答え」を創造する。
大切なことは、学ぶスキルを磨くことだけでなく、
学ぶ姿勢と多様な価値観への深い理解を養うこと。

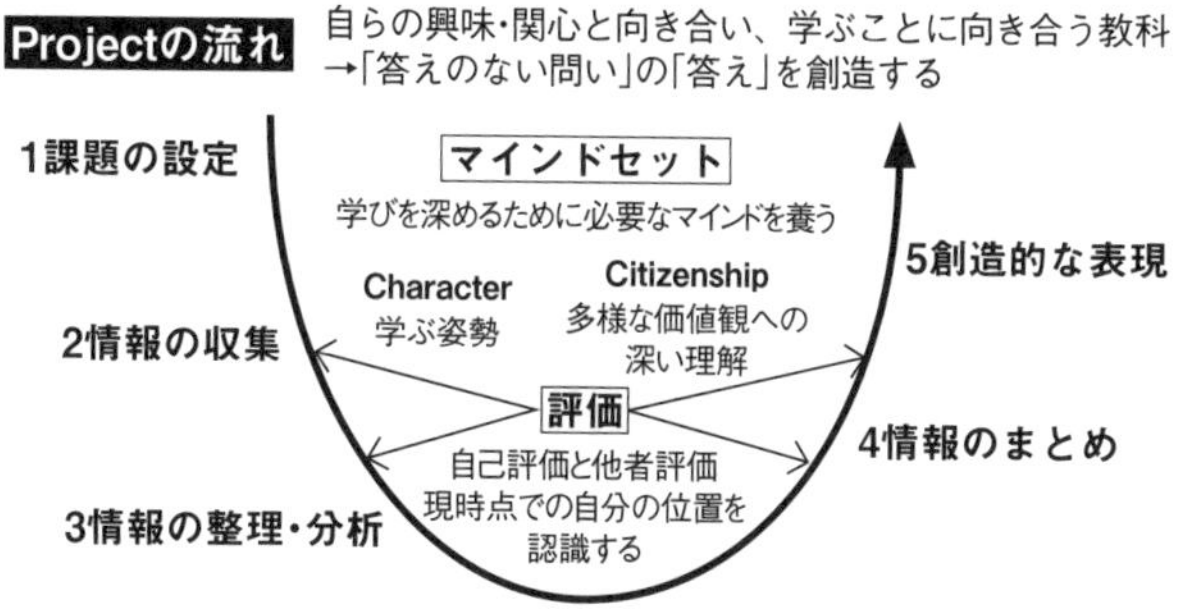

り検討を重ねて誕生したのが、２０１５年に始まった高校「新クラス」です。

新クラスのコアとなる科目は、サイエンス科を発展させたプロジェクト科です。プロジェクト科は、自らの興味・関心と向き合い、学ぶことに向き合う教科です。「答えのない問い」の「答え」を創造することをねらいとして、「高校新クラス」の学びが、プロジェクトに統合されるイメージです。

プロジェクト科で学び、自分のプロジェクトを追究することが、高校卒業の進路となる。何をやるにせよ、志望理由書が自信を持って書けるような卒業生が生まれてほしいと願っていました。

私が退職した後も、年々プロジェクトは飛

躍的な進化を遂げています。

スタッフたちがこだわったのは、マインドセットです。生徒たちは、プロジェクトの際にいきなりテーマを選ぶのではなく、本人もまだ意識化・言語化できていない自身の中にある大切な想いを、「価値観ワーク」や「多様な生き方をしている人々との出会い」「自身の感情と向き合う」といったプロセスを通じて、少しずつ明らかにしていくのです。一方で自身の言語化しづらい想いを言葉に出しやすくするため、生徒同士がお互いの言葉をそのまま受け止め合う「共感的コミュニケーション」の実践を通じて、互いの関係性の質の向上も図っているのです。現場目線の素晴らしい運営です。

「なんで、そうなる？」が軽視される教育現場

今度は、別の学校の事例を見てみましょう。理科の授業の導入でこの一枚のシートが生徒に提示されました。モーターボートは海で水の上に浮いている。「では、10円玉はどうなるでしょう？」と生徒たちは問いかけられます。重たいものが沈まず、軽いものが沈む。不思議な現象です。

計画された偶発性理論

Why a boat floats in water while a 10-yen coin sinks in water?

実際に授業で中学生に質問したらどんな反応があるのかをまとめてみます。

①「なぜ？」と、日頃当たり前と思っていた風景が、問いが与えられたことで、違和感を持ち、自分の中にある知識や経験をベースに、モヤモヤしながら考える

②「なぜ？」と、①と同じように思うものの、自分の頭では考えずに、周囲の反応の中から答えを探そうとする

③授業の話は自分とは関係ないことと思い、考えている「ふり」をしながらも、思考停止しながら、周囲の反応には何となく合わせていく

④テストには直接関わりない問いととらえ、

正解を教師が解説するのを待つ

今の中学校の現場をみていると、残念ながら①の生徒はとても少なく、②とか③の反応が多いのでは、と感じます。「思考」を巡らす楽しい問題、と教師側は思っているのですが、残念ながら自分の頭で考えようとしないのです。このような問いは、小学生の方が反応するかもしれません。中学生になり、学年が上がるにつれて思考停止の状態になり、「なぜ？」という問いを考えるのではなく、「答え」がわかればいい、となっていくのです。この理由を考えていくと、④の生徒の振る舞いがあると感じます。「なぜ？」を考えることは、テストの点数には直結しないとの考え方です。評価につながらないのであれば、その時間は思考停止して休んでいた方がいいと言うわけです。ともすると、①の生徒のように、頭の中でモヤモヤして、教員が解説を加えたあとも思い悩む、切り替えが上手く出来ない生徒は、テストではなかなか得点につながらなかったりします。学校の授業は毎日6時間あり、50分たてば次の授業になります。その時もモヤモヤと引きずっていれば、他の教科の理解にも影響が出てしまうのです。このモヤモヤの部分が「いいけど、役に立たないよね」と言われてしまうのがとても残念に感じます。

そして、付け加えるならば、この問いに対して⑤「自分は本で読んで、知っている」という生徒も存在します。彼らは教室では存在感を消しがちで、「学校に積極的に通いたくない」といった思いを持っていたりするのではないかと想像します。このコロナ禍において、家庭学習をうまく使いこなし、オンライン授業で才覚を発揮したりしたのは、⑤のタイプに多かったかもしれません。

聖ドミニコ学園のインターナショナルコース

実は、先ほどの浮力に関するシートは、私がカリキュラム・マネージャーをしている、東京都世田谷区にある聖ドミニコ学園のインターナショナルコースの中学校の理科の授業で使用されたものです。聖ドミニコ学園のインターナショナルコースでは、英語・数学・理科の授業をネイティブと日本人の教員がチームで行っています。英語で授業を行う場面も多いのですが、授業のアプローチの違いも興味深いものがあります。彼らのカリキュラムの作り方をみていると、最初に「なぜそうなるのか？」という部分にものすごくこだわっているのに気づかされます。

日本と欧米のカリキュラムの違いを、数学での「定理や公式」の扱いから考えてみます。日本では、最初に「定理」「公式」を教え、次にそれを活用した例題、その例題から派生する類題という流れで、だんだん複雑な問題に対応するようになっています。最初の例題は、「定理」や「公式」に単純に数字をあてこんで処理するような問題から入り、正確に答えを出すトレーニングをします。そして、単純にあてこむだけでは解けないような問題に挑戦する形をとっています。欧米では、最初の「定理」や「公式」が、どこから導かれてくるのかを、生徒たちにモヤモヤさせながら考える時間をとります。先ほどから、例にあげている「浮力」に関するシートを導入に使うのは典型的です。生徒たちが、十分に考える時間を取ってから、種明かしをするというアプローチの仕方を取ります。「定理」や「公式」が登場するまでには、かなり多くの時間をかけています。「急がば回れ」と言ってもいいでしょう。

日本と欧米の理数系のカリキュラムの作りの根本的な違いは、日本は問題を正確に処理すること、欧米はそもそもの本質的な理解を問うことにあります。両者を比較すると、日

探究的学びモデル

1.認知 インプット
よく見て情報を集めて
整理・分析する
- **観察・調査**　何が分かる?
- **注意・違和感**　どこが気になる?
- **メタ認知**　どこまでが全体?
- **類推・メタファー**　何と似ている?

2.想像 エディット
仕組みや未来、人の気持ちなど
分からないことを考える
- **推測**　どうなっている?
- **共感**　他の人はどう思っている?
- **予測**　これからどうなる?
- **構想**　自分だったらどうする?

3.共有 アウトプット
自分の考えを分かりやすく
伝わるように表現・発表する
- **要約**　一言でいうと?
- **図示**　図で説明すると?
- **反証**　どんな反論がありそう?
- **対話**　みんなの視点や意見は?

4.経験 インサイドアウト
今までの経験を見直して
次の探究への糧にする
- **統合・止揚**　まとめると?
- **振り返り**　何に気づいた?
- **反省・改善**　どこを変える?
- **方針・展開**　次は何をする?

本の高校生の方が正確に解くことは得意のようです。一方、欧米では大学以降の学びで創造力が開花することが多いようです。物事を正確に処理することは、能力として大事であると思います。しかし、今後のＡＩやロボットの能力が進化する社会においては、多様な能力のうちの一つでしかなくなるのではないでしょうか。今後の社会のあり方を考えると、欧米のようなカリキュラムの考え方を日本のカリキュラムにももう少し取り入れる必要があると考えます。その突破口となるのが、「探究」です。

「探究」とカリキュラム

「浮力」の一枚のシートから「探究」は始ま

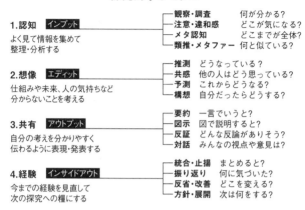

ります。「なぜ？」という違和感を持つ、水に何かを浮かべてみる実験をする、重さを変えて実験を繰り返す、その変化のデータを何らかの指標を決め記録する、そこに何か法則はないかを考察する、そして法則を数式で表現する。このプロセスは、「探究」そのものと言えます。アルキメデスの原理は、このようなプロセスを経て、誕生したのでしょう。アルキメデスの原理は、規則性が発見されただけでは終わりません。水を利用することで、何か重たいものが浮く力を得る。そのような抽象化を経て、他の事象への【応用】も可能になっています。近年では、免震構造に使われています。ビルの下に、免震装置と水を置くことで建物の揺れを低減することが出来るのです。違和感から始まった探究は、ブルーム・タキソノミーの【創造】にまで到達するのです。ニュートンのリンゴも同じ例と言えます。

生徒たちにしてほしいと思うのは、物事を深く「観察」して「違和感」を探す。あるいは、何に対して「違和感」を持ったのかを「観察」する。そして、何故そうなのかを「推測」する。「仮説」を立て、「検証」を続ける。「理論」としてまとめ、「反証」をする。「反証」をもとに「修正」をする。こんなプロセスです。「違和感を持つほどの観察眼」は、なかなか簡単に得られるものではありません。ですので、授業では、教員が違和感に気づかせる「問い」を提示することで、「探究」マインドが醸成されることを狙いにしたいものです。ここで、矢萩さんの提唱する『探究的学びモデル』に当てはめてみます。

なにかを「観察」して、「違和感」を覚えて、「想像」を巡らし、「推測」「予測」をして、「仮説」を構想し、「検証」をして再構成し、「共有」し「対話」をする中でさらに練り上げて、「経験」として落とし込んでいく。このプロセスが自然と出来るようになれば、人生において永遠に探究を続けることが出来ます。

では、授業の中で、探究マインドをどのように醸成していくことができるでしょうか。教育現場では、今まで暗黙知的な実践はあったと思いますが、言語化され、職員室で共有するレベルのものはなかなかありません。なので、そのカリキュラムを戦略的にマネジメントする人や部署が今後の教育実践では必要不可欠と考えます。

「カリキュラムマネジメント」の必要性

カリキュラムマネージャー[*2]は各教育活動の意味づけをすることで、教育活動全体の有機性を高められると考えます。この時に、ブルーム・タキソノミーを使って、具体的な教育活動を抽象化し、一貫性を持たせることができます。

たとえば、体育でバスケットボールのプレー前に作戦を立てて、プレー後に作戦をミニボードで振り返る。数学では、統計を学ぶ。社会では、その統計を読み込んで解釈する。理科では、実験を通して仮説を検証する。これらの一連の活動は、ブルーム・タキソノミーの【理解】【応用】【分析】を行き来しているという共通点があります。

また、国語で作者が訴えたいメッセージを考える。英語で、あるテーマを、全体設計を考えながらエッセイにまとめる。美術で何を表現しようかを考えながら制作する。ダンスの発表会で、どんな物語を発表したいかを考えながら練習する。あるいは、数学で、今起きていることから未来を考えるかにあたり傾向的なものを関数で表現する。情報で、何かを動かすプログラムを作るためにプログラミングを学ぶ。音楽でソフトを使いながら、作品を作る。家庭科で、自分に合う服をイメージしながら創作する。これらは、ブルーム・

タキソノミーの【応用】【分析】【評価】【創造】を行き来しながら、それぞれの段階をトレーニングして強化している活動だと言えます。

ブルーム・タキソノミーをベースに得られる能力を考えていけば、実は学校で行われている教育はかなりの部分で重なっているのです。意味づけがはっきりしないので、教師も生徒自身もどの力を得ているのかがなかなかわかりません。しかし、ブルーム・タキソノミーを理解して軸として持つことで、教員も生徒も得ている力を自覚できるようになります。カリキュラムマネージャーの大きな役目は、具体的な教育活動を抽象的な言葉にまとめ、他の活動との有機性をデザインしていくことです。生徒たちは、ブルーム・タキソノミーの中でを自分の得意な切り口から獲得していけば良いのです。

ミドルアウトマネージャーとは

カリキュラム・マネージャーは本質的に「ミドルアウトマネージャー」[*3]である必要があります。ミドルアウトマネージャーの必要性を痛感したのは、自分が管理職になってからです。自分も現場の一教員として働いている時は、気軽に仲間と教育の話をしていました。

同僚の教員から、先輩であっても後輩であっても、多くのことを教えてもらっていました。管理職になると、残念ながら気軽に教育の話を教員同士でできなくなってしまいました。管理職と現場の関係だと、「タテ」の関係性になってしまいがちです。話をしていると、どうしても「上」からの指示と受け止められてしまいます。職場に先輩の教員が多かったこともあり、いつの間にか、職場では黙っていることが多くなりました。

管理職をやっているうちに、だんだん学校改革を担うようになります。日本内外で実践されている教育を調べ、教育関係者と情報交換をして、今後の教育で何が求められているのかを模索しました。そして、自校の教育現場でも新たな取り組みを試みました。しかし、自分の力不足で、現場の教員に自分の教育に対する「おもい」や新しく考えている教育実践に関して、うまくコミュニケーションをとることが出来ませんでした。「どうしたら、現場とうまくやっていくことができるか?」は自分にとって大きな課題だったのです。

かえつ有明の管理職時代、新しい学校の立ち上げをやっているときには、自分の考えを広げてくれる仲間を外部から招聘することができました。彼らは、私の考えている以上の内容にして、時間をかけながら職場に広げていってくれました。新しい教育を導入していくには、どうしても教員の保守的なマインドのハードルを突破する必要があります。「共感」が生まれる関係性を持ちながら、失敗を恐れずに新しい教育に挑戦することで、生徒の反応が思った以上に良いものになる。そんな実践のサイクルを通じて、だんだんと学校が成長していく姿を見ることが出来ました。

現場で動く仲間の姿を見ていたときに、職場の真ん中で、人と人をつないでいく存在の重要性を痛感したのです。それを探究する中で、「ミドルアウトマネージャー」という言葉に出会いました。

香里ヌヴェール学院では、学院長をやりました。21世紀型教育を導入するにあたり、教育改革を担当させていただき、外部に教育発信をしながら、内部に新しい教育実践を広げていくのが役目でした。日常の教育実践は現場の教員たちに任せました。意外にもウェルカムな感じで受け入れてくれた関西の地で、年齢的にもけっこう上になったこともあり、現場の教員たちと上手くコミュニケーションを取れるようになり、「ミドルアウトマネージャー」としての実践を決意しました。

心がけたことは、授業を見に行くことです。授業を見ながら、21世紀型教育とどのようにつながるかをアドバイスするのです。大事なのは、対話を続けることでした。どの教員も授業には「おもい」があります。その「おもい」を共有しながら、否定を一切せずに、話をしたのです。授業はほとんど問題はありませんでしたが、21世紀型教育を導入するのに、いくつかのポイントを入れれば大丈夫とアドバイスをしました。ポイントとしては、探究マインドを醸成するような発問、ＩＣＴの活用で授業の理解を深める、といった点です。授業でアドバイスをした内容を個々だけのノウハウにするのはもったいないので、全体の研修の時に全教員で共有できるようになるべく心がけてみました。研修をやればやるほど、教員同士で学び合う姿も多く見られるようになり、職員室の雰囲気もよくなっていった印象があります。

その後、聖ドミニコ学園では、カリキュラムマネージャーとしてお仕事をさせていただいております。すでに暗黙知的に21世紀型教育を実践している学園でしたので、教育実践を現場の教員と言語化する日々です。また、インターナショナルコースとアカデミックコースというコース制が導入されましたので、その教育内容に関して、対話をしながら充実をはかっております。

学校現場を見ていると、いい取り組みはかなりあります。しかしながら、問題なのは暗黙知的なものが多く、言語化されていないことです。そして、教科、学年、部活、行事、といったような「縦割り」の弊害があり、それぞれが有機的に動いていないのです。それを対話しながら有機的にまとめていくのは、どの学校でも必要と感じます。その際に、必要不可欠なのが、軸となる「ブルーム・タキソノミー」を職場で共有すること。そして、越境的に活動して人と人をつなぐ「ミドルアウトマネージャー」の存在なのです。

＊1【カリキュラム・ポリシー】学位を授与できる状態にするために、どのような授業構成をするのかという方針を示したもの。
＊2【カリキュラムマネージャー】各教育機関の目的や目標達成のために、発達段階に応じて教育課程（カリキュラム）を編成し、計画・実施と評価や運営管理を担う役割。2020年度の学習指導要領改訂では、家庭や地域など学校外

での活動に加え教科横断的な改善が求められるため、学際的な視点を持つカリキュラム・マネージャーの必要性が高まってきた。

＊３【ミドルアウトマネージャー】トップとも現場とも対等な立場を持ち、現場周辺で経験的に学び経営的視点で考える中間管理職。トップダウンやボトムアップではなく、優秀な中間管理職によるミドルアウトの方が組織改革に効果があるとして近年注目されはじめている。

第6章

ICTと学校をつなぐためには

対談　田中康平

田中康平（たなかこうへい）

株式会社NEL&M代表取締役。幼児～小中高生のICT活用や学習環境デザインの専門家。教育情報化コーディネータ1級。

佐賀県を中心に、教育ICT環境整備やICT支援員事業等に従事する。2014年4月、ICTスクールNELを開校し、幼稚園・保育園での「ICTたいむ」を開始。近年はブルームのタキソノミー 改訂版～デジタル・タキソノミー 理論を用いた学習デザインに関する教員研修や研究指定校の助言等を中心に、1人1台の情報端末を含む教育ICT環境の整備・活用のコンサルティング、人財育成、情報モラル教育などに取組んでいる。

ＩＣＴの教育効果が理解されていない

石川　この本は「教育リスク」がテーマということで、この章では田中さんと、ＩＣＴと学校をつなぐにあたって、どんな課題があって、どのようなアプローチで解決していけば良いのかということをお話しいただければと思っています。よろしくお願いします。

田中　私は、佐賀県に住んでおりまして、佐賀県の高校が一人一台のコンピューターを配備した時の現場支援を含めて10年以上学校のＩＣＴの整備や活用に関わってきました。そこで課題を山ほど経験した結果、その解決のためのコンサルの会社を作ったんです。いま、国が一人一台の学習者用コンピューター整備を、前倒しして推し進めてますけども、そこで出てくる課題を何とか解決しなければ、おそらく絵に描いた餅に終わるだろうなと思っております。今回、この機会にぜひ、本当に一人一台を活用した教育・学習がどのように展開できるのかというところも含めて、発信できたらと思っています。

石川　まず最初に、保護者の混乱という問題があると思うんだけれど、お母さんたちもこのコロナ禍でオンライン授業やリモートワークが話題になって、「これは使えなきゃダメかな」って感じ始めていると思うんですよ。スマホからタブレットやPCなどのデバイスに、流れが変わってきて。どれくらい進むかは未知数だけれど、国のほうからもGIGAスクールといった構想も出てきていますし。お母さんに対して、どんなメッセージがありますか？

田中　そうですね。小学校の学習指導要領が新しくなって、「プログラミング教育が始まる」という話題が出てから、かなり保護者の方の感度も高まっているように感じてます。新型コロナウイルスの感染拡大による全国一斉休校からは、オンライン学習に関して意識が高まってきて、これは学校教育よりも塾などの民間教育のほうから身近になってきたと思います。学校でのオンライン授業の話だと、「どんなふうにやってくれるの？」「学校の先生たちは大丈夫なの？」という関心があって、特に「大丈夫なの？」のなかに、「学校の先生が使いこなせるの？」っていう、ちょっと懐疑的なものと、学校の先生にそこまで任せて、「学校の先生がつぶれちゃわない？」という体や心の心配という二つが混ざっているのかなあ、という気配を感じます。

石川　混乱というよりも心配というわけか。それらの課題に対して、解決するためのアイデアとしてはどんなものがありますか？

田中　「学校の先生が使いこなせるの？」という課題を解決するためには、ICT機器やソフトの操作に長けることよりも、「子どもたちが、これまで出来なかった学びを実現するために必要なICTの活用方法や、その価値の理解」という部分がとても重要になります。この部分にスポットを当てた「先生向けの研修」や、「学習プログラム」を開発したりして、様々な学校や教育委員会などで実施しているところです。

「学校の先生がつぶれちゃわない？」という部分のケアも重要ですね。ここは「学校の中の無駄をどれだけ削減できるのか」ということに尽きると思います。新しいことにチャレンジするには「余力」が大切なんですが、余力を生み出すために業務を見直す中で、ICTをうまく取り込むことができればよいですよね。とは言え、判断を下す方々がICTに疎いことも珍しくなく、ICTに長けた方はどんどん先進的に取り組むのですが、そうでない方はカタカナ用語がわからないといったレベルに止まってしまうので、互いのコミュニケーションがずれたりしてまして、その通訳も含めて研修やコンサルを行うこともあります。

ちなみに、教育情報化コーディネータという資格があります。教育ＩＣＴの専門技術を理解していて、企業や教育委員会や学校をつなぐ通訳的な能力が必要な資格ですが、私は１級認定を受けています。１級は過去９年で７名しか認定されていない最上位級で、国や都道府県レベルの情報化を支援する能力あり、というものです。

石川　最近では、かなり多くのメディアが、世の中の学校の内情をニュースとして発信しているけれど、そういう情報が目に触れることで、かなり影響があるということですかね。

田中　そうですね。ＩＣＴに限らず、これからの学校というものに関して、いろんな不安を抱かれているんじゃないかとは思います。ほとんどの保護者は、自分たち自身が受けてきた教育観がバージョンアップされているわけではないと思いますので。その枠組みのなかで、不安について考えてしまうがために、堂々巡りだという印象ですね。

石川　そうか。保護者からすると、世の中で生きていくうえでは、ＩＣＴは必要だって感覚だけど、「教育で何に役に立つの？」っていうのが、ピンときてないという感じですかね。必要そうだけど、どうせ使える先生もいないし。先生、いま、疲れて大変で、そんなの無理に決まってるじゃないかと。そんな感じですね。

田中　それと身近で見るＩＣＴの活用の一例として、子どもたちがゲームをしている姿だとかの印象が強いとすると、そのあたりの心配はあるでしょうね。本当に学習に使えるのだろうかという。その背景には、日々でＩＣＴを活用した学習の効果みたいなものを、感じたり、体感したり、見たりするような機会が、そうそう無いというのが大きいと思います。ご自分のお子さんが通っている学校で、うまくいっている事例があれば、非常にラッキーだと思います。

石川　リアルタイムで効果を感じる機会がないのはそうかも。学校での事例というと、パソコンの授業があって、ＷｏｒｄとかＥｘｃｅｌとか、簡単なプログラミングを少し、あとは、PowerPointでプレゼンをするくらいかな。となると、主たるこの学習のなかで、どういう可能性があるのかというのは、全く保護者には見えていないという感じですかねえ。そうなると、世の中から2周くらい遅れちゃってる感じですね。

田中　そうですね。学校では「教育の情報化」ということで、2000年くらいから、インターネットの導入や活用が始まって、先生が使うコンピューター（校務用コンピューター）や、校内ネットワーク整備などが進みました。平成21年度の「スクール・ニューディール構想[*1]（学校ICT環境整備事業）」という国の施策の時に、電子黒板や教育用コンピューターの整備が進んできたわけですけど、それらを活用した「学習の姿」まで変革できたわけではなく、教科書をベースとした学習という従来通りの方法がスタンダードで、紙と鉛筆の代わりに、たまにコンピューターを使うといった程度の活用が多かったと思います。「果たして何にプラスになるのだろう?」という「プラス」の姿を捉えきれていないまま。これが、保護者の方々に限らず、学校の先生方にも共通しているのではないか？というのが、私の見解です。

ネットリテラシーの基本はマナー、そして法の理解

石川　ＧＩＧＡスクールで端末が配られたときに、子どもたちにはどんなリスクがありますか？

田中　これは実際に経験したことですけれども、子どもたちって、よく「回し手紙」をやりますよね。これがデジタルに変わります。回し手紙となっているＷｏｒｄファイルが保存されていました。恐らく先生に見つからないように、相当深い階層に共有フォルダを作っていまして、そこに保存したファイルにコメントを書き合って読む、みたいな。そのこと自体が悪いことだと断定はできませんが、校内での出来事が学外に広がるようになれば心配すべき部分が増えていき、新たなリスクになってしまう可能性があります。

石川　現代のイタズラだ。そういうことが起きるんですね。

田中　はい。その他では、音楽や動画など学習とは関係のないデータを持ち込もうとするケースはよくあると思います。長けている子は、ゲームのエミュレーター*2をUSBメモリに入れて持ってきて、学校のパソコンで起動して遊ぶケースもありますね。ネットワークの知識がある子は、校内のIPアドレス*3を探ってみたり。興味本位でやっているケースは増えると思います。そのなかの一部は、たとえばIPアドレスを探って他のコンピューターを遠隔操作したり、人のアカウントを使って成りすましをしたり、法律に抵触する場合があるので、まずは大人がそういう法律を理解して、子どもたちに伝えることがとても大切だと思います。不正アクセス禁止法違反やウイルス作成罪で検挙されることも起こり得るわけで、大人の責任として知っておく必要があるんじゃないでしょうか。

石川　そうか。要は、マインドセットの前に、マナーの段階でもリスクがあるという感じですね。具体的に、どうやって伝えていったら良いんだろう。できますか？

田中　伝え方の工夫は必要だと思います。コレはダメ、危険、ではコミュニーケーションが取れませんよね。手前みそですけど、うちの会社では「情報モラルかるた」を制作していまして。カルタの中で、そういったネット関連の法律について遊びながら覚えたり解説したりしています。たとえば、「警察も　目を光らせる　ネット犯罪」「なりすまし　絶対ダメだよ　犯罪だ」などですね。解説文には「こういう法令があって、これを破ると○○万円以下の罰金や懲役○年」というかたちで具体的に書いていまして、楽しみながら学ぶ機会を提供しています。

石川　じゃあ、ネットリテラシーとしては、まず基本をおさえた上で、マナーや躾からやらなきゃいけないということですね。

田中　そうですね。その中でも最もやりやすいのは、情緒面と少し切り離して、シンプルに法律に特化してみる。何をやると捕まるかとか、100人いて、100人ダメっていうことは何か、という良し悪しが判断しやすい共通理解をまずしっかりおさえていった方が、わかりやすいと思います。

石川　あまり道徳的に寄りすぎないで、法的なところのほうがわかりやすいってことだ。

倫理や道徳の扱いは、まさにブルーム・タキソノミーをしっかりできているかということなんだけれども、それが確立するまでは判断しやすい方法をとってリスクを回避する必要がありますね。

子どものスピード感と大人の教育観

石川　これは矢萩さんもよく言っているけれども、「子どもたちのスピード感」を把握した上で学びを調整する必要があるって。そのためには取り巻く環境をメタ認知する必要があると。だからＩＣＴの場合も、ある程度ＩＣＴとその周囲を俯瞰して見ることができる必要があるわけだよね。パーツ、パーツをバラバラにして、部分的に知ったような感じで教えても、効果が薄いというか。場合によっては、子どもたちのほうが進んでいたり、今までは起こらなかったいろんなことが起きちゃうんですかね。

田中　良し悪しは別として、間違いなく、子どもたちの方が、大人より早いですね。で、全体を俯瞰して見る時に、僕がいちばん大事にしているのは、「子どもたちが自分自身で学んだ結果、知識や技能を習得できた。それは悪いことではなく、チャレンジした成果として認める。習得したことを良い方向に活かせるように大人が導いてあげる。より良い方向へ向ける」ということです。これが大人の役割だと思います。先生だけではなく、保護者の方々にもこうした役割を共通して果たしていただけると、子どもたちは悪い方向で活用しないと思います。これを無闇につぶしにいくと反発されて痛い目に遭うのではないでしょうか。

石川　なんか、わかるな。教育の本質って、先に先に行こうっていう時に、時として外れることがある。探究の学びでも、子どもたちが本当に自由にいろんな話をしだすと、制限して結局正解探しになっちゃってたり。だから、その辺のマインドセットって、対応してる大人側の幅というか、メタな視点が必要だということですね。結構、大変だな、これ。どの学校でも、何人かそういう人がいないと、進まないという感じですね。

田中　これがですね、ＩＣＴに長けている先生や大人だから対応できる、というものでもなくて。やはり、子どもの観察ですとか、子どもを受容する姿勢を持っている人でなければば、うまくいかないと思ってます。それと、そうやって自ら学び、大人たちが知らない知識まで身につけていくことを受け入れていくこと。そういう姿勢を評価できるような学習観を持っていないと、肯定も否定もできません。観察、受容、学習観が揃うと、ICTについては長けていなくても大丈夫です。逆に、わからないものにはフタをしてしまおうとすると難しくなるでしょうね。

石川　これはちょっと大変というか、頭の痛い話です。というのは、学校でICTが好きな人って、亜流っていういい方は変なんですけど、生徒とかの関係性が苦手だけど、機械に向かってるほうが好き、みたいな人たちが、周りのICT村には多い印象。で、いまの話だと、子どもたちを、やっぱり、あやしながら育てるというか、一緒に育っていくみたいな、そういう教育観がある人じゃないと、なかなか難しいということですよね。

田中　そうですね。たとえば、これまで多くのPC室などに導入されていた「授業支援システム」と呼ばれるジャンルの製品があります。代表的な機能としては「一斉制御」です。先生の画面から一斉制御ボタンをクリックすれば、児童・生徒のパソコンをすべてストップできる。その他に、複数の学習者で共有するパソコンであれば、個別の設定変更ができないように制限するソフト（環境復元ソフト）を入れます。起動時に毎回初期設定に戻るようにできるわけです。インターネット利用では、有害サイトフィルタリングが強すぎて、検索結果が全く表示されず学習が進められないという本末転倒な状況も発生したりします。そうした部分は管理統制したいという大人側の態度の表れだと思います。これまでのＩＣＴ環境は、こうした管理統制の仕組みとセットになることが多かったのですが、一人一台の学習者用コンピューターという環境では、そういうわけにはいきません。

石川　いまの話で興味深かったのですが、どこの学校でも、パソコン教室に行けば、先生が１人ドンといて、全端末がそっちを向いている。で、先生のホストコンピューターから全部仕切っていくような感じですよね。ああいう形式の授業は良いんですか？

田中　過渡期としては仕方がないものかなとは、私は思っております。やっぱり、新しいシステムに先生も子どもたちも慣れるフェーズでは、それぞれ何をやっているのかというのは、わかっていないと不安になるというのは、自然だと思います。お互いにある程度、リテラシーがついた時には、おそらく、管理や統制する仕組みがいらなくなる。そもそも、その、コンピューターを使うタイミングですとか、活用の方法自体も個別最適化される。自分で選択できるようになれば、管理する必要もない。管理統制自体が、学習の妨げになることすら出てくるでしょうね。本来であれば、そういう環境になるべきだと思います。

何からはじめればいいのか

田中　「シンプルなシステムでシンプルに活用していく」ということが大切だと思うんです。学校現場特有のシステムを使っていては、なかなか、管理統制から卒業できないかもしれませんし、汎用的なＩＣＴリテラシーが身に付きにくいかもしれません。出来るだけシンプルに。一般の会社や家庭でも使っているような、Ｗｏｒｄ、Ｅｘｃｅｌ、ＰｏｗｅｒＰｏｉｎｔなど、ＧｏｏｇｌｅやＡｐｐｌｅの同様なソフトでも良いですし、インターネット上のサービス、動画の作成や配信など、そういったものだけであれば、ＩＣＴリテラシーを身につけるまで、さほど時間はかからないと思います。

石川　これから、学校による差はあれ、一人一台の体制になっていくわけだけれど、この本を読む小中学生の保護者は、何をどういう順番で気をつけていけばいいんでしょうね。

田中　現状ですでにネックになっているのはタイピングですね。タイピングの技能をいつ、どの程度身につけるか。

本当は、小学生のうちに1分当たり少なくても60文字、よければ１２０文字くらい打てると、中学・高校での学習が、ガラリと変わります。

石川　タイピング遅いですからね。先生たちでもタイピングに苦戦している人たちもまだいますからね。

田中　あとホントに気をつけてほしいのは、情報デバイスとの出会い方です。これ、手遅れの方もたくさんいると思うんですけど。いちばん最初に、安易にゲーム機から入らないことが重要です。情報機器が子どもにとって、報酬をもらえる消費的な余暇の道具になり下がるような出会い方、与え方にならないように気をつけてほしいんです。理想は、最初の情報デバイスがパソコンだったら良いな、と思います。自分から働きかけないと動いてくれない、けれど動かせるようになるとすごく楽しい道具。これは、積み木や粘土なんかと同じなんですが、何かを表現したり、何かを提供したり、発信するために楽しく使える道具という出会い方です。すでにゲームどっぷりになってしまった子でも、例えばタイピングのゲームにはまってくれたりすると、コンピューターとの付き合い方が、ちょっと変わったりもします。

石川　そうか。単なる消費者じゃなくて、やっぱり、発信するツールなんだよな。ブルーム・タキソノミーだと、【創造】だとか、上位のほうに行くのに活用するということなんですね。

田中　で、おそらくですね。多くの大人の方々は、「自分たち、もう少しＩＴを使えたらよかったのにな」って言うの、「英語、喋れたらよかった」的な感じに近いような感覚だと思うんですよ。と言いつつもスマホゲームでやってるだけ、というのが実態だと思います。

石川　なるほどね。どんなタイミングで、どのように出会わせれば理想的なんでしょうか？

田中　いちばん最初に出会うタイミングとして望ましいのは、社会的な人間関係形成が始まる5歳前後くらい、つまり幼稚園・保育園段階が良いと考えています。他者意識ができはじめて、言葉もだんだん覚えてきて、関わり方が身についてくる頃に、自分の表現や発信を助ける道具という形で、遊びのなかに置いてあげる。遊びのなかに置いていく時には、みんなで1台。1人1台じゃなくてね。それで写真撮って、ああだ、こうだ、言ったり。動画撮って、ああだ、こうだ言い合う、みたいに、言葉のやり取りと一緒にやっていくというのが、望ましいなと思います。それを教育現場でやろうとすると、カリキュラムを作ったほうがいいんですけど。ウチの会社で提供しているカリキュラムでやってるのは、年長さんにiPadを使って3人で1冊の絵本を作って発表してもらったり。自分だけでは困難な課題でも、力を合わせると達成できたりするんですよ。で、そういうことの面白さっていうのを味わう機会を作っていく。これは、小学校の1年生くらいでも同じだと思います。

石川　なるほど。それこそ、主体的で対話的で、協働的な学びなんですね。

田中　ヴィゴツキー[*4]の言う「発達の最近接領域」、つまり自力では難しい課題に対応するときに、周りの子を真似したり、お互いに助け合ったりしていく中で、知識や技能を高めていくような、そういう働きかけが機能してきます。なので、そういう学習環境を作ってあげることですね。

石川　そこって、すごく大事だと思います。矢萩さんの『探究的学びモデル』だと、想像はエディットであるとされていて、その中に共感や構想という要素がある。そこから共有の方に向かっていくというのは、ブルーム・タキソノミーでいうと、【評価】や【創造】を目指して、だんだん上位のほうに向かっていく過程ですよね。かなり高度なことをやっている印象です。

田中　幼児教育の世界は、結構、そういう側面は多いと思います。遊具や先生、保護者を含めて環境ととらえて、それらと子どもたちとの関わり合いによって、発達を促していく。遊びのなかに学びがあって、そこで協調的に育ち合って、学びあっていく。その過程で言語を獲得して語彙を増やしていく。かなり高度で総合的な学びですよね。これが小学校に入ると、途端に少なくなって、一律同じことをさせられる。子どもたちに「○○させる」という文脈が強烈に働きはじめる。

石川　そうか、ブルーム・タキソノミーって、小学校になると、急に下向きになっちゃうよね。いちばん下の【記憶】まで落ちちゃうわけだよね。急に。

田中　【記憶】しかしなくなるっていう……。最近のクイズ番組も、必ずそうですよね。記憶の量だけを問うという。記憶を重視する、ワーキングメモリー*5を増やすためだけなら、訓練としては手書きでバーッって書いたほうが、よいことになってしまいます。

石川　ワーキングメモリーという視点は、とても興味があります。ワーキングメモリーの重要性や、紙とコンピューターの決定的な違いなど、どう考えてますか?

田中　ワーキングメモリーの大きさは、個人の処理能力の違いとしてははっきり表れてしまうと思います。さらに、１人１台のコンピューターを活用する場面で、ワーキングメモリーの大小が見えやすくなります。それって、何にも訓練も受けずに、パッと渡した時に、この道具を使って何をすればいいかって、ある程度、複合的に物事を組み立てて、概念的な理解ができて、それによって操作ができると。タイピングもそうなんですけど。タイピングって、ローマ字、アルファベットの読みを覚えて、ローマ字を覚えて、ローマ字を指で出力をする。三つくらい動作があるんですよ。これが瞬時にこなせる子っていうのは、やっぱりメモリが大きいと感じます。

紙に手書きの場合は、手書きの回数を増やすために、覚えるものを増やしていって、ワーキングメモリーの枠を増やしていこうとするわけです。コンピューターの場合は、タイピングをコツコツやっていくことで、個人差はあれど、必ず増えていきます。で、コンピューターと紙がちがう最大のところって、紙に書いたものは、次にそれをまた書こうとすると、同じように書かないといけない。コンピューターの場合は、それをコピーできる。で、コピーしたものを、今度、組み合わせを変えたりして、編集して再構築できる。そのことで、理解をもっと広げたり、深めたり、別のモノに形を変えて発信をしたりできる。

つまり、コンピューターを使って学習することによって、これまで紙と鉛筆でできなかった学習の表現に到達する可能性が出てくる。多重的に道具を使った上での発信ができるようになるわけです。うちのスクールでは、ポスターを作るのですが、そのなかに、いろんな要素をちりばめて、それを構造化しないといけないわけです。情報をレイアウトし、見出しを考え、中の文章を書く。それを1枚で表現する。これはなかなかに高度な情報活用能力が必要になるんですけれど、そういったことの、やりやすさは圧倒的に紙よりもコンピューターが優れています。デバイスなら、タブレット型よりも、キーボードが付いていて画面が大きいパソコン。これまでは記憶の量を増やすことに終始していたものを、今度は表現のほうにシフトして、より広げていくために、やっぱり、コンピューターを使う方が、絶対的に有利になると思うんです。いま、そういう時代になってきたと。

石川　なるほど。何を目的とするかで道具を選択する必要があるわけだ。人間の能力のどの部分を拡張してくれるのか。使い方によっては拡張するし、使い方によっては退化することもあるよね。

田中　イメージ的には、足し算と掛け算。たとえば1＋2＋3＋4って、足し算だと10にしかならないですけど。1×2×3×4になると24になりますよね。1×2×3までは、同じく6なんですけど。4まで掛けていくことができれば、そこからは、もう、どんどん増えるだけ。だから、6になるまでは待ったり、あるいは6までは基本として身につけておかないといけない。それがないままに、ポンと渡したって、掛け算にはならないんですね。

石川　面白い。いまの話はとってもわかりやすいし、リーズナブルだと思うんですけど。そういう感覚というか、マインドってどのくらいの人が持っているんでしょうね。

田中　多くの学校の先生方と話をしても、あまり持っていない気がしますね。

石川　そういう人に持たせると、どういうふうになっちゃうんですかね。

田中　掛け算なんで、マイナスがかかると、マイナスが大きくなってしまいます。たとえば、記憶をしなくても、インターネットで検索すれば、わかることはたくさんあるんだから、コンピューターを使えば良いじゃないかっていう論調もあると思うんですけど、おそらく、それでは成立はしないと思います。やっぱり、コンピューターを与えたときに、ちゃんと考えて使える人は、元々、記憶力が圧倒的にいい人だとか、1＋2＋3＝6になる段階が、ちゃんと揃ってる人です。小学校段階で、1、2、3が、まだまだ身についてないところにポンとコンピューターを渡しても、全然、機能しないですね。

石川　しっかりと基礎があれば人間の可能性が広がる、メモリがある人はより機能するということですね。学校でこれから起こることを想像すると、ちょっと恐い感じがしてきたな。

学校現場でのICTの学び方

石川　小学校では、とりあえずプログラミングはやるってことになっているわけだけれど、理想としてはプログラミングの授業が単元の中に1時間組み入れられるというような形ではなくて。そもそも、あらゆる教育のなかに、ICT的な要素を取り入れていくということですよね。

田中　2020年度から小学校で全面実施されている新しい学習指導要領では、「情報活用能力（情報モラルを含む）」が、すべての教科の基盤となる資質・能力の一つだと位置づけられています。これは、中学、高校などでも共通しています。具体的には、三つの能力「言語能力」「問題発見・解決能力」そして「情報活用能力」です。これらがすべての教科にまたがるという位置づけですよね。で、教科書もそれを受けて編集されていますので、ICT機器を活用して学習できる場面というのが、いろんな教科のなかに散りばめられています。

石川　とは言え、すべての教科で少しずつＩＣＴ的な活動を散りばめて、スキルを身につけていくというのは効果的だと言えるのかって話だよね。

田中　ＩＣＴに関しては、基礎能力をある程度身につけた上で、各々の教科に応用する方が良いでしょうね。ＩＣＴの基本的なリテラシーは、ある程度の早い段階で、体系的に身につけたほうが、その後良い影響があります。ただ、体系的に身につけるための指導ができる方々が、実は、とても少ないんじゃなかろうかっていうのが、大きな課題だと思いますね。

石川　探究もそうだけれど、指導者の絶対的不足、これは大問題だよね。しかも、どちらも大人数の授業に向いているとも思えないし。可能性としては、どの程度の規模感と方法でやるのが現実的なんでしょうね。

田中　たとえば、最初にマウスレッスンとか、キーボードの打ち方からスタートしていくとすると、指導者一人で見ることができるのは、10人とか、最大でも20人くらいが限界だと思います。だから、現実的な方法として、学級の中に得意な子やじっくり取り組む必要がある子というのが混ざっているので、そういった子同士を、グループまたはペアにして協調的な学習チームみたいなものを機能させながらやることで、何とかカバーできるだろうとは思います。

石川　なるほど、小学生に指導を任せるか。ＩＣＴを使える使えないだけでなくて、教えるスキルとか、コミュニケーションの問題とか、いろいろありそうです。できるのかな。ちょっとイメージできないんだけれど。先生たちは、かなり、きつそうですね。

田中　先生方もそうですけど、我々、大人世代が、そういった授業を受けたことがないんです。だから、今現場に立っている先生たちは、我流でやられていると思います。本来は、そういった指導のポイントみたいなことは、国レベルで整理をしていただけると、いちばんいいんですけれど。もちろん、実証事業などを通した整理というものはされていて、モデルカリキュラムみたいなものはありますが、そのまま現場で実践するには、まだまだ課題もある。現場実装するためのサポートが、今度は必要になってくるのかもしれないですね。

石川　ＩＣＴ支援員とか、そういう制度は役に立たないんですか。

田中　ザックリ言うと、先生や子どもたちが学習活動のなかで、ＩＣＴ機器を活用する時のサポートをするのが、ＩＣＴ支援員です。トラブルに対応したり、準備をしたり、日々のメンテナンスをしたり。ただ、そういう人たちが、子どもの指導ができるかというと、教員免許がないと、できないというのが一義的にはあります。

石川　そうか。それで、先生とチームでやったりなんかすると、それはまた大変ですね。

田中　チームを組むことは多いんですけれど、それでも、子どもの観察の仕方とか、ある程度、研修をしながら理解を深めた方が、絶対にいいですね。

子どもの観察については様々な視点があると思いますが、教員研修でも提案しているのは「動詞」を使った観察、「みとり」と呼ばれたり、「形成的評価」と言われる部分のアプローチです。この「動詞」と、「認知の段階」を組み合わせたモデルも、改訂版ブルーム・タキソノミーで示されてまして、それを活用しています。たとえば、「記憶する」という認知段階で見られる「動詞」では「書く、暗唱する、リストアップする、マーキングする」などがありますし、ＩＣＴ活用の関連では「Ｇｏｏｇｌｉｎｇ（ググる＝検索する）」と書いている海外の文献もあります。「理解する」という認知段階では「説明する、要約する、例示する」などがありますし、要約することから「ツイートする」という提案もあったりします。「応用する」認知段階では「プレゼンテーションする、実験する、実装する」など。最上位の「創造する」認知段階では「開発する、設計する、プログラミングする」というものや、「動画作品を作って配信する＝ＹｏｕＴｕｂｅに投稿する」などもあります。そうした「動詞」（学習活動の中での動き）を観察することで、学習の進み具合や認知段階（理解の深さ）などを観察する方法です。

石川　いやいや、ちょっと大変だなあ。そのあたりも日本の学校ではＩＣＴの整備が進まない理由になっていそうですね。個別最適化を実現するためのＩＣＴなんて言うのは、まだまだ先の話になりそうだな。

ＩＣＴとブルーム・タキソノミー

石川　いま「未来の教室」なんかでも教師や保護者に必要なリテラシーとは、なんてテーマが出てきてますけど。どちらかというと必要なのは、教師や保護者に必要な、姿勢というか、関わり方の話なのかな。

田中　でも、子どもたちはコンピューターは好きだと思います。実際、スクールでたくさんの子を見ますけど。嫌っていう子はあまり見ない。自分でやりたがる子がほとんど。ですから、自分で学びたいという気持ちがそこに現れていることを、邪魔しないというのが、基本、大事だと。で、邪魔しないためには、大人の価値観とか経験だけで判断しない。いま、何をやろうとしているのかな。そして、前と比べて何ができるようになったかな、というのをしっかりと観察する。で、できるところを見つけたら、その子どもの話を聞いたり。そこで、ほめすぎなくていいと思いますけど、ほめたり、認めたりしてあげる。

石川　たとえば、オンラインの学びなんかで、学校の中で役に立ったのは、若者なわけですよ。若い先生は比較的デジタルネイティブだから、普段から使っているから、圧倒的に対応が早かった。これは、ＩＣＴの導入に関しても、イコールと考えていいんですかね。

田中　いいと思います。子どもたちって、躊躇せずに、いっぱい触るんですよね。怖がらずに。そのなかで、失敗しても、次、また、うまくなることを見つけて、うまくなったものは残していって、失敗したものを捨てるっていう取捨選択、試行錯誤を瞬時にやってるんですね。何も言わなくても。で、これ、ブルーム・タキソノミーで言うと、【分析】と【評価】の行き来をしているんですよ。コンピューターを使えば、自分なりに自分のスペースでできるから、ものすごい早さで行き来することが可能なわけです。その時に、「そのやり方はダメです」とか、「みんなと一緒にやりなさい」と言うと、【分析】や【評価】が止まっちゃって、高い次元から、低いところに落ちてしまう。邪魔されずにやれば、結果としてどんどん大人を超えていきます。

石川　そうか。ブルーム・タキソノミーで考えるとわかりやすい。【分析】と【評価】なんですね。いきなりそんな次元まで行っちゃうんだ。

田中　もちろん、本人たちは意識していないですけど、それに近いことを、中で繰り返しているわけです。【分析】と【評価】をやりながら、発見して、知識や技能を身につけていくっていう。これは【理解】や【応用】に当たりますから、これまで逆パターンみたいな印象は受けますね。ただ、それについて観察をしながらある程度整理をしてあげる役割の人が近くにいないと、やりっぱなしになって、自分たちのなかで何が身についたかわからないままになるっていうのはあります。

石川　強烈な飛び道具なんだな。ピラミッドのてっぺんに、いきなりドローンで飛んでいっちゃうみたいな。

田中　だから、ワーキングメモリーが大きな子は勝手に育っちゃう。無意識のうちに、【分析】的なことをやっていると思います。勝手に情報を編集していますね。

石川　なるほど、推測、予測、相関、類推、構造、分類、構想、仮説、編集、メタ認知とか、異なる動作を結合し調和しちゃっているわけだ。今の話を、親御さんに説明するとすると、どうしたらわかりやすいですかね。

田中　YouTuberですね。すごいお金を稼いでいるYouTuberは、この【分析】【評価】【創造】が常にできていて、新しい価値を毎日発信している。彼らは、習ったわけではなく、自分で考えて日々試行錯誤をして作りだした自分なりの法則とかやり方がきっとある。それはICTがなければできなかったと思いますよ。

石川　そうか。YouTubeはこれか。そうだよなあ。モーニングルーティン[*6]も、メタ認知、編集、仮説、構想みたいな。そういうことですか。

田中　動画を作って、動画を振り返るってことは、もっともメタ認知に働きかけやすいと思います。それを自分たちの仕事に結び付けて、日々改善している。

石川　なるほどね。それはわかりやすいですね。そうすると、【記憶】だとか【理解】だとか、そういったものは、後からついてくるんですね。彼らの思考方法をブルーム・タキソノミー的に分析すると、どうなるのですか？

田中　まず「動画を作ってみよう」からスタートするので、3段階目の【応用】あたりからですね。動画作りって、こんなものじゃないのって推測を働かせて、実際にやってみる。で、動画できたら、作品について分類する。自分たちの動画のジャンルは、どこだろうとか。ほかの動画を見比べて【分析】したりして、構造を把握したり、類推したりした結果、だんだんメタにとらえられてきて、編集を、もうちょっと工夫しようとか、こうしたほうが、視聴が伸びるんじゃないかとか、仮説を立てながら検証を進めていく。それによって、ダメなところは切り捨てていって、いいところだけ残していく。そうするうちに、自分たちのやり方やオリジナリティができてくると、【創造】の領域に入る。そして、トップクリエーターになれば、登録者数がガンと伸びる、ということなんじゃないかなと思います。

石川　なるほど。ということは、日頃から、いきなり【応用】【分析】【評価】を行き来するところからスタートするというわけだ。そのためには、【創造】のマインドを持っている必要がありますね。すごいね、ユーチューバーは。それだけ、儲けるだけの能力と、動きをしているということだよね。これを、そのまま学習に当てはめて考えると、やっぱりICTを使わない手はないということか。

学校教育の意味

石川　田中さんのICTの話も、矢萩さんの探究の話も、共通するところは、前提として想像や【創造】のマインドがあるよね。平たく言うとワクワクさがある。通常の大学受験を目指す学習だと、どうしても、逆算的というか、決まったルートを辿ることが合理的みたいな、リバースエンジニアリング[*7]なところがある。そこには、想像や【創造】は介入しにくいよね。ただ、そうなると想定される意見として、YouTuberみたいに自らやりたいことを見つけて、ICTを活用しながら探究していく過程でどんどん学んでいくのが効果的なら、教育や学校の意味って果たしてあるのかって話になってくるよね。

田中　教育の段階を、あくまでも社会に出る前の準備期間だととらえていくならば、それはそれで、ちゃんと意味があると僕は思っています。なので、ＹｏｕＴｕｂｅｒが、学校教育なしにそれだけ渡してＹｏｕＴｕｂｅｒになれるかというと、やっぱり、そうじゃない。それまでに、いろいろな思考経験や学習経験とか考え方や表現方法の訓練を、ある程度受けているからこそできる。それは、おろそかにはできないなと思います。とはいえ、学校とちがうのは、彼ら自身がコントロールできる学習方法だった、すなわち学習の主導権を彼らが持ち、彼らのペースや方法で実践できたということだと思うんです。そういった、自分でコントロールできる学習というのが、学校の中に今どれだけあるのかということは、考えていく必要があります。探究については、矢萩さんがおっしゃるように、受験や進学ありきの学校構造の中に取り入れていくのは難しいと思います。探究のカリキュラムを作る時に、タキソノミー的には【創造】的な問いから発して、そこを目標にしながら、今度は下から、記憶から積み上がっていくみたいなプロセスは、やりやすいと思うんですけど。最終ゴールが魅力がないと、お互いつまらない。最終ゴールのアウトプットの形が、中学生、高校生にとって、やってみたいと思えるような形であったりすれば、それが動画でも、僕は全然いいと思うんですけど。でも、そうした時に、それを【評価】できる先生でなければ、受け止めきれない。そこのハードルが、ものすごく大きい。先生が【評価】できるようになるためには、個人じゃなくて、学校単位で変革に取り組んでいただかないと、かなり難しいなと思います。

石川　いまの話から考えると、やはり探究とＩＣＴは相性がいいのかな。【応用】【分析】【評価】に対して、ＩＣＴをかませて、場を設定する。もちろん、自然に摑《つか》んでいく子どもたちもいるけど、こちらが仕掛けていくことで、より可能性が広がるわけだ。

田中　はい、相性はすごくいいと思います。たとえば、昨年、経産省の未来の教室で、麹町中学校で取り組まれた例なんですけれど、観光データを活用した探究学習の一貫で、コンピューターを使ってプレゼンテーションすることを想定していたのですが、結果的に、そこまで至らなかったんです。その理由は、コンピューターを活用するスキルや経験が十分ではないので、ディスカッションのプロセスで、付箋紙と大きな紙が出てくるわけです。

大人の会議でもよくある光景かもしれません。で、それでは扱える情報量が少なすぎるのと、試行錯誤の回数が少なすぎるので、そぎ落としたり、構成を再検討するようなことができず、アウトプットの質が上がらなかった。子どもたちが、たとえばＰｏｗｅｒＰｏｉｎｔを使うにしても、グラフを入れるならＥｘｃｅｌが必要ですし、文章を打つ時にはＷｏｒｄも使うし、フォント選びやサイズをどうするとか。あとは、色やコントラストなど色相環を見ながらデザインするとか、そういった経験も十分ではなかったわけです。だからそういった体験を与えた上で探究学習に入っていけるならば、アウトプットする成果は、どんどん高くなるはず。で、それを経験するためには、先生もポスター発表を経験したほうがいい。先生自身が毎年、自分の実践経験を発表するようになれば、おのずと変わるんじゃないかなと思いますね。ちょっとデジタル・タキソノミーという図を見ていただきたいんですが。

田中　これは、ブルーム・タキソノミーにＩＣＴを活用した学習活動を入れたものなんですけれど、このクリエイティングのバーブス（動詞）の中に、ビデオブロギングとか、アニメイティング（アニメづくり）とか、ビデオキャスティング、動画配信、動画キャステ

デジタル・タキソノミー

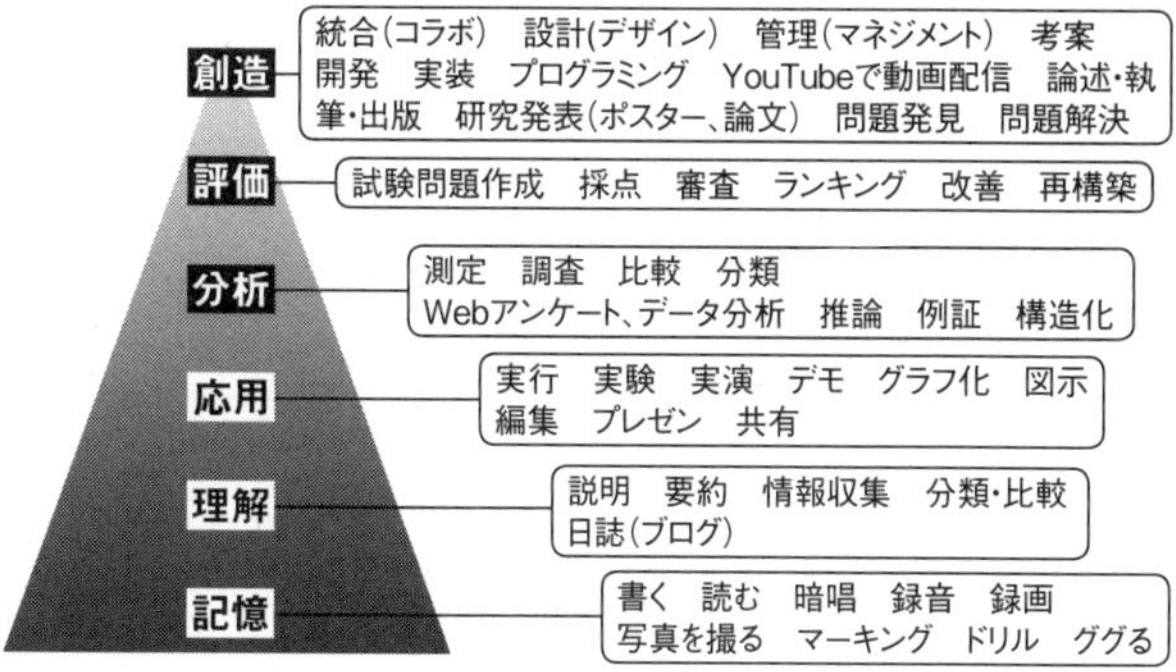

改訂版ブルーム・タキソノミー(2001,Anderson,Krathwohl)、Digital taxonomy(2008, Andrew)を基にした、1人1台時代の学習過程のイメージより作成。　©NEL&M

イングみたいなことが入っているんです。これは２００８年のものですが、この頃から動画で表現するというのは、いちばん上位の【創造】するという認知段階の活動と位置付けられています。逆に検索することは「Ｇｏｏｇｌｉｎｇ（グーグリング）」、日本だと「ググる」と言いますが、いちばん下位の【記憶】する段階に位置付けられてます。

石川　この表は、面白いな。わかりやすい。

田中　【記憶】段階だと、書く・読むという、紙ベースのものと一緒に「ググる」があるんです。【理解】段階では、本当は子どもたちにブログを書いてほしいんです。ホームページを更新するとか。外への情報発信のために文章を書く。【応用】段階では、グラフを作ったり実演法を自分たちで考えたり、編集してプレゼンテーションしたり。【分析】段階では、ウェブアンケートを使ったりしながら、Ｅｘｃｅｌを使って分析をする。【評価】段階では、Ｇｏｏｇｌｅフォームを活用したりしながら、自分たちで問題作りをする。最後の【創造】では、実際にプログラミングしたり、ＹｏｕＴｕｂｅで動画を配信する。あるいは、ポスターを作って発表をする。必要なものは、パソコンとインターネット、そしてＷｏｒｄ、Ｅｘｃｅｌ、ＰｏｗｅｒＰｏｉｎｔなどのベーシックなソフトで十分です。そして個人のメールアドレスがあることと、ファイルの共有（共同編集）ができること。あと、著作権の配慮、ネット犯罪に関わらないための法令の基本的な理解。これくらいです。これまでの教育の情報化って、結構、特殊なソフトが多くて、生徒全員の画面が見えなきゃイヤですとか、電子黒板やデジタル教科書が機能てんこ盛りで使いづらい、みたいなことが多かったのですが、子どもたちが自分のスキルの中で、表現にしっかりと取り組むためには、ベーシックな環境だけで、十分だと思いますね。

石川　これは、仕事上でも使いやすそうだね。ラディカル。

田中　海外では、これらのツールをウェブポスターにして、ボタンをワンクリックすると、それぞれのツールにリンクが張られていて、飛べるような学習ツールも、たくさんあるんですよ。日本では残念ながら全然ないですね。

石川　なんで日本には、ないんですか。考える人がいないから？

田中　いや、「学習成果」を、オープンなウェブ上に発信するっていうことの、価値が評価されていないのではないでしょうか。

石川　なるほどね。「学習成果」は、一番の重心じゃないですか。学習成果が本質とは違うものにすり替わっている。結局、偏差値か。

田中　「学習成果」は、テストの点数と、ほぼイコールですね。だから評価の方法が、根底から変わらざるを得ないと思います。当然、これまでの知識技能定着のためのテストや偏差値もあると思いますけど、ポートフォリオ的なもので、形成的評価を用いていく。パフォーマンス評価で見ていくなど。まあ、入試があるので、入試に沿わなきゃいけないところは致し方ないと思うんですけど。とはいえ、知識の量だけで勝負ができる世界も、学校ばかりではないと思いますし。せめて、実業系の高等学校とか、そういったところでは、パフォーマンス評価、制作物で評価するという方向になればいいなあ、とは思ってるんですけどね。すぐには難しいですね、きっと。

石川　本当にそうですね。運営が中止されちゃったけど、本来は、ポートフォリオ的なものが機能すれば実現できたかもしれない。ポートフォリオ的なものが、なかなか機能しないのはなぜだと思いますか？

田中　ポートフォリオとして、いろんな活動の成果などを集めたとして、それを【評価】する観点が整理されていないと、そもそもポートフォリオの価値がわからないだろうと思いますね。

石川　やっぱりそうだよね。僕も、いま、ポートフォリオについていろいろと考えているんだけど。前提として先生たちの評価の基準があるから、そこに合わせて先生たちが管理するポートフォリオにしても、そもそもの評価基準がずれちゃってるから、つまんないものしかないのかな、という気がしてしまいますね。

＊1【スクールニューディール構想（学校ICT環境整備事業）】政府が2009年5月にとりまとめた「経済危機対策」における、「21世紀の学校」にふさわしい教育環境を目指し、学校耐震化の早期推進、学校への太陽光発電の導入をはじめとしたエコ改修、ICT環境の整備等を一体的に推進させるという構想。

＊2【エミュレーター】他のコンピューターの装置やシステムの動作を仮想的に作り出すソフトウェアや装置のこと。コンピューターゲームをパソコン上で再現することができる。

＊3【IPアドレス】インターネットに接続している無数のコンピューターを識別するために、個々のコンピューターに割り当てられる番号。

＊4【ヴィゴツキー】［1896～1934］ソ連の心理学者。言語は単にコミュニケーションの手段ではなく、思考の道具として発展する内面的な過程として捉えるべきだと主張した。主著は『思考と言語』（1934）、『精神発達の理論』（1960、執筆は1930～1931）。

＊5【ワーキングメモリー】一時的に情報を保持し、処理し、複数の作業を制御するための作業記憶、作動記憶のこと。

＊6【モーニングルーティン】起床後の行動習慣のこと。一連の流れを習慣化することで、スムーズに準備ができ、生活リズムも整う。

＊7【リバースエンジニアリング】製品などを分解して、技術や構造を分析すること。逆算的にアイデアや方法を取り出すことで、模倣しやすくする。

第7章

いかにＩＣＴリテラシーを身につけるか

――ブルーム・タキソノミーの新解釈

教科書&チョーク&トークの限界

私もかつては、現場で地歴・公民科の一教員として授業を行っていました。最初、40人近い生徒たちの前で、一人だけ前に立って話をする自分自身に違和感を持ったことをよく覚えています。周囲が沈黙している中で一人話をするのは、とても緊張しますよね。結婚式のスピーチを思い浮かべてみたら、おわかりになると思います。

日々の授業は、「教科書」を使いながら「説明」をして、「黒板」のチョークで書くという、この流れで進んでいきます。話をするなかで、生徒たちに「発問」をして、反応をみながら、細かく説明したり、言葉を換えたり……。時として、一方的に一時間話をし続けたことも多々ありました。

その日々を振り返ってみると、このスタイルの限界を改めて痛感します。

・そもそも40人という人数は多すぎます。発問を取り入れても、数人の「反応担当」の生徒以外は発言するのは難しく、他の生徒は何となく座っている感じになりがちです。

・教科書と教師の話だけで内容をイメージするのは、限界があります。国語の授業を例にとれば、小説が題材の時にシーンがビジュアルとして頭に浮かぶ生徒を育てられているでしょうか。

・授業内容の定着をはかるために板書をします。生徒は丁寧にノートを取ります。しかし、ノートをきれいに取ることに集中して、内容を全く理解していない生徒が少なからず存在します。

・地理の授業を担当する際、地域の話をイメージしてもらうのに、多くの副教材を用いていました。机の上には、教科書、地図帳、資料集、統計集など、多い時には四つの教材とノートが並ぶ状態です。

・「〜についてどう思う?」といった質問を生徒にして、発言を促します。低学年だと手がすぐに上がりますが、高学年以降はなかなか難しく、指名することになります。クラス全員の前で自分の考えを明瞭に発言できる生徒は、なかなか少なく、教員が発言をフォローするしかない状況です。

・単純な知識の定着をはかるために宿題を出したり、小テストを実施しますが、提出物のチェックを細かくしたり、採点をするのに膨大な時間がかかります。

・数学などでは、理解度が生徒によって全く異なります。一通り説明した後は、個々人が理解度によって与えられる問題が違ってもよいと考えますが、なかなか対応しきれません。理解度を中間的なレベルに設定すると、早い生徒と遅い生徒には授業のペースが合いません。

いかがでしょうか。これらはみな長い間、学校で普通とされてきた授業のスタイルですが、生徒の立場から考えると必ずしもいいものとは言えません。個々の問題を現場で工夫しながら何とかやりくりはしていますが、限界はあります。

経営を考えた教員の配置、という観点から仕方なく成り立っているものでしょうが、かつてのマンパワーに依拠した工場経営の時代ならいざ知らず、ＩＣＴが発達した現代社会からすると、違和感を持つのが普通ではないでしょうか。

これらの問題を改善・解決するためにも、ＩＣＴの積極的な導入が教育現場には必要と考えますが、なぜ、なかなか進まないのか考えてみます。

ＩＴ（情報技術）からＩＣＴ（情報伝達技術）へ

21世紀を迎える頃、ＩＴ（情報技術）革命が起きると言われました。ＩＴはコンピュータやインターネット、通信インフラなどを用いた「情報技術」を意味しています。コンピューターをはじめとするハードウエアの制御、様々なシステムなどに関わる、情報通信関係のインフラ・技術などがＩＴには含まれています。

ＩＴ活用は、多くの業務の効率化を実現してきたと感じます。この20年あまりでオフィスの様子は、紙が減り、まったく異なる風景に変貌したと言っていいと思います。

一方、学校はというと、職員室へのパソコンの配備はそれなりに進んできたと思いますが、ＩＴによる業務の効率化まではいっていないと感じます。ＩＴは教室には普及せず、授業の根本的な変化には至らなかったのです。

ＩＴはいつからか、ＩＣＴ（Information and Communication Technology）と言われるようになります。ＩＴと違う点は、コミュニケーション、「情報や知識の共有（伝達）」に役割が進んだ点です。

「情報や知識の共有（伝達）」とは、まさしく授業そのものです。本来は授業とＩＣＴは相性抜群なはずですが、なかなか進んできませんでした。理由はいろいろと考えられますが、ＩＴの情報技術導入におけるノウハウの蓄積が足りなかった点は大きいと感じます。

学校現場、特に授業におけるＩＣＴの周回遅れですが、その遅れが顕在化したのがコロナ禍であり、今後急激に進歩する可能性はあります。

ＩＣＴ導入の遅れ

ＩＣＴ導入が遅れている理由を考えてみたいと思います。

第一の理由は、環境設定の困難さが挙げられます。機器の整備、そしてネットワーク化。多くの予算もかかり、業者とのやりとりも大変です。教職員の中で、業者との交渉、校内の調整などをやり抜ける人材がどの学校も極めて少なく、また、その管理をできる人材も多くありません。

第二の理由は、ＯＳやソフトウエア選定の多様性です。ＷｉｎｄｏｗｓかＭａｃのどちらを選ぶのかから始まり、ソフトやアプリをどうするかで担当者同士で意見がまとまらないケースが多く、下手をすると環境設定を含めて、職場の分断にもなりかねないケースもあります。

第三の理由は、教員のマインドです。コロナ禍で多くの学校が休校となっていた5月11日、文部科学省が情報環境整備に関する説明会をＹｏｕＴｕｂｅでライブ配信しました。高谷浩樹初等中等教育局情報教育・外国語教育課長は、各自治体の参加者に、「今は前代未聞の非常時・緊急時なのに危機感がない」「ＩＣＴ、オンライン学習は学びの保障に大いに役立つのに取り組もうとしない」「使えるものは何でも使って、家庭のパソコン、家族のスマホ」「できることから、できる人から、『一律にやる』必要はない」「既存のルールにとらわれずに臨機応変に、『ルールを守ること』は目的ではない」「何でも取り組んでみる。現場の教職員の取り組みをつぶさない」といったかなり踏み込んだ発言をしました。

多くの教員はＩＣＴの活用に関して「苦手」という気持ちから始まり、どうしても回避したいというのが本音ではないかと感じます。若手の教員はＩＣＴはそれなりに使い慣れているのでそうでもありませんが、ベテラン教員は「やれない」理由を考えがちです。そして、現場を司る教育委員会でもＩＣＴの活用に逃げ腰であるのが実態です。その結果、実際に多くの学校で、対面授業の再開と共にオンラインの活用が振り出しに戻ってしまいました。せっかく遅れを取り戻すチャンスだったのですが、チャレンジする学校と元に戻ろうとする学校で、学習環境の差が大きくなってしまった印象です。

上記三つがＩＣＴ導入が遅れている原因と考えられます。特に第三の「教員マインド」が最も大きいのは間違いありません。

ＧＩＧＡスクール構想

文科省もこうしたＩＣＴの周回遅れの状況を看過していません。ＩＣＴの積極的な活用を目指し、ＧＩＧＡスクールという、学校で子どもたちにグローバルで技術革新された教育を届ける構想を打ち出しています。具体的には、義務教育を受けるすべての子どもたちに一人一台の学習用ＰＣと高速ネット環境を提案するという構想で、２０１９年12月当初は２０２４年に実現させるためのプランを組んでいましたが、現在はスケジュールを前倒しして、２０２０年度には実現することを目指しています。

一人一台の端末が予算で整備されるのは、素晴らしいことです。しかしながら、当然心配はあります。ハードは揃っても、ソフトがついていかないことには前に進みません。また、積極的に使うという「教員マインド」とそれをサポートする体制がないと、せっかく導入された端末もホコリをかぶってしまいかねません。

もう一つ、大きな心配があります。それは、教育を俯瞰して見る人が少ないことです。ブルーム・タキソノミーを理解して自校の教育を俯瞰できる人が、どのくらいいるでしょうか（一人いればまだいいというレベルです）。学校教育を俯瞰してみるからこそ、授業などの教育活動で適切な場面でのＩＣＴの活用ができます。逆に言うと、俯瞰できない人はＩＣＴに関して趣味的な話に終始しがちで、厳しく言えば、一部の教員の玩具的なＩＣＴの活用にとどまってしまう危険性すらあります。ＩＣＴの端末を「文具」あるいは「教具」と理解する方がいます。どちらも間違っているわけではありませんが、既存の「道具」

の代替ではなく、人間の能力を飛躍的に拡張できるものと考えることで、ブルーム・タキソノミーの【創造】の段階まで授業を引き上げることができます。

第6章でも言及しましたが、ＹｏｕＴｕｂｅｒはＩＣＴ端末で動画を作成しています。かつて動画を撮影するには、多くの機材が必要でした。編集作業の手間も相当だったと思います。それが個人の力でも可能となりました。そして、何よりも動画を共有する場を個人が無償で獲得できたのは大きいです。彼らは毎日のように新しい動画をアップすることができるのです。端末とＩＣＴは、飛躍的に【分析】【評価】【創造】に関わる人間の能力を拡張します。

ＹｏｕＴｕｂｅｒのアップしている内容は、個人が自分の独自の生活の切り口・物事の捉え方を発信し、それに共感した人たちが視聴しています。独自の見方という【創造】性を手軽に個人が選んで視聴できるのは、何とも今時のコンテンツと感じます。学校教育では嫌悪されがちなＹｏｕＴｕｂｅですが、ＹｏｕＴｕｂｅｒの活動の中に教員のＩＣＴ活用のヒントがあるといえるのではないでしょうか。

ＩＣＴをどう活用するのか

以下は、章の冒頭にあげたことに対するＩＣＴを活用した解決策です。

「そもそも40人という人数は多すぎます。発問を取り入れても、数人の「反応担当」の生徒以外は発言するのは難しく、他の生徒は何となく座っている感じになりがちです。」

↓　ロイロノート[*1]などを活用することで他者の考えがわかり、集計も取れます。

「教科書と教師の話だけで内容をイメージするのは、限界があります。国語の授業を例にとれば、小説が題材の時にシーンがビジュアルとして頭に浮かぶ生徒を育てられているでしょうか。」

↓　デジタル教材の活用でイメージしやすくなります。

「授業内容の定着をはかるために板書をします。生徒は丁寧にノートを取ります。しかし、ノートをきれいに取ることに集中して、内容を全く理解していない生徒が少なからず存在します。」

↓　ノートを取らせたい部分を精査して量を減らすことで、授業に集中できます。

「地理の授業を担当する際、地域の話をイメージしてもらうのに、多くの副教材を用いていました。机の上には、教科書、地図帳、資料集、統計集など、多い時には４つの教材とノートが並ぶ状態です。」

↓　デジタル教材を活用することで、机上もすっきりします。

「『～についてどう思う？』といった質問を生徒にして、発言を促します。低学年だと手がすぐに上がりますが、高学年以降はなかなか難しく、指名することになります。クラス全員の前で自分の考えを明瞭に発言できる生徒は、なかなか少なく、教員が発言をフォローするしかない状況です。」

↓　ロイロノート活用で他者の意見がわかりやすくなります。また、文字化することで思考がまとまりやすくなります。

「単純な知識の定着をはかるために宿題を出したり、小テストを実施しますが、提出物のチェックを細かくしたり、採点をするのに膨大な時間がかかります。」

↓　Google[*2]フォームの活用で、手間を削減することができます。

「数学などでは、理解度が生徒によって全く異なります。一通り説明した後は、個々人が理解度によって与えられる問題が違ってもよいと考えますが、なかなか対応しきれません。理解度を中間的なレベルに設定すると、早い生徒と遅い生徒には授業のペースが合いません。」

↓　アダプティブ・ラーニング系のソフトで解決します。

右記のすべてが絶対的な解決策ではないですが、教員も生徒もICTの使い方やマナーを知ることで、教室の様子は変化するでしょう。生徒たちが基礎的な知識を習得するだけでなく、発展的な内容を考える時間も捻出できるのではないかと思います。

次に、ICTの活用を、改訂版ブルーム・タキソノミーを用いて、田中さんが作成している「デジタル・タキソノミー」を見ながら考察してみます。

REMEMBERING【記憶】・UNDERSTANDING【理解】

いわゆる基本事項の習得です。ICTの活用でアダプティブ・ラーニングが可能です。アダプティブとは「適応性のある」という意味で、一人ひとりに合わせた学習内容が個人に課題として配信されるものです。いくつかの会社からソフトがすでに出されて現場でも活用されています。「個別最適化」の学習形態としてたいへん注目されています。

APPLYING【応用】・ANALYZING【分析】・EVALUATING【評価】

知識を活用し、俯瞰してみる段階です。ロイロノートを活用すれば、理解した内容に関して感じたことなどを他者と共有でき、学びの幅を広げられます。Ｗｏｒｄを使えば、文章化した多くの資料をICTで共有できます。また、図なども取り込むことができ、表現が重層化します。Ｅｘｃｅｌは、基礎的な分析を行うのに適したソフトです。縦軸、横軸に何を置くかを考えることが重要です。関数が入りますので、データの集計がしやすく、グラフなどに転用することもできます。

CREATING【創造】

PowerPointやホームページなどの作品にまとめます。自分の考えを具体例や根拠をあげながらまとめるのに適しています。ブルーム・タキソノミーを活用しながら、学習を再構成し、ICTを積極的に活用していけば、生徒の学習の可能性はずいぶんと広がるのではないかと考えます。教科書&チョーク&トークは、思考力がもともと備わっている生徒にはいいですが、そうでないと「何を覚えて、どう使って、まとめていけばいいのか」がなかなかわからず、「知識」を丸暗記するしかないのではないかと思います。

急成長するEdTechをいかにタキソノミーに組み込むか

経済産業省は、「未来の教室」ビジョンを打ち出しています。「令和の教育改革」に向けて、今の日本の実力を直視し、過去の成功体験に囚われない、時代の変化に合わせた、新しい教育「未来の教室」が必要であるとしています。

時代の変化として「求められる能力観（創造的な課題発見・解決力）の変化」と「新しい教育を可能にする技術（EdTech）の登場」の2点をあげています。EdTechとは、教育（Education）×テクノロジー（Technology）を組み合わせた造語で、教育領域にイノベーションを起こすビジネス、サービス、スタートアップ企業などの総称です。

「未来の教室」三つの柱

①学びのSTEAM化

STEAMとは、科学・技術・工学・芸術・数学の五つの英単語の頭文字を組み合わせた造語です。科学（Science）、技術（Technology）、工学（Engineering）、アート（Art）、数学（Mathematics）の五つの領域を対象とした、理数教育に創造性教育を加えた教育理念を意味しています。各教科で学んだことを総合的にデザインし、未来社会を創出することをねらいとしています。

②学びの自立化・個別最適化

認知特性や学習到達度が一人ひとり違うことを前提として学べることをねらいとしています。従来の一斉授業ではなく、EdTechを活用して自学自習を可能にし、教室で仲間と学び合うことも目指しています。

③新しい教育基盤づくり

ＩＣＴ環境整備（一人一台パソコン・高速大容量通信など）を実施するとともに、教員が外部と連携できるような体制も構築することを狙います。

「未来の教室」は現在、実証実験が続けられています。私も２０１９年、「教育コーチ」としてこの実証実験に関わらせていただきました。国・学校・民間業者が三位一体で取り組む点で、教育環境が大きく変わっていくのではないかという予感があるとともに、まだまだ越えなければならない大きなハードルがあると感じています。

第６章で対談した田中さんは麹町中学校（工藤勇一校長）の、私は武蔵野大学中学校・高等学校（日野田直彦校長）の「教育コーチ」を担当した仲間でしたが、以下の点を課題として指摘されています。

（課題）

教員・事業者ともに改定版ブルーム・タキソノミー、デジタル・タキソノミーの概念理解、

教育学的概念の理解と共有がされていない

（要因）

・大人側が、ＩＣＴリテラシーを体系的に学んだ（習得した）経験がなく、我流・自己流でやっているケースが多い。

・大人側が子どもの能力を過小評価しており、「子どもには難しく無理、簡易な操作や体験的活用で十分」としている。

それらを解決するためには、改定版ブルーム・タキソノミー、デジタル・タキソノミーの理解を教員・事業者ともに深め、学習の認知過程、単元設定と結びつけることが急務としています。「未来の教室」からわかることは、予算やインフラといったハードの問題以上に、大人側の意識や学習に関する理解の方がより大きな問題だということです。

重要度を増す「情報科」「国語科」「数学科」

ＩＣＴの活用を教育全般に広げていく中で、「情報科」の役割が大きいことは言うまでもありません。ＩＣＴスキルを生徒に教えていくのは当然ですが、それ以上に重要となるのは、教職員へのＩＣＴ活用へのアドバイスです。そこで大事なのは、単に使い方のアドバイスではなく、ブルーム・タキソノミーを念頭において、どの力を求めているのかを教科の担当者と共有していくことです。「情報科」の教員は、自校の教育活動を俯瞰して理解している必要があります。併せて重要なのは、「国語科」と「数学科」です。ＩＣＴは、前述した通り、「情報」を「コミュニケーション（伝達・共有）」する技術です。「情報」は、「言葉」ないしは「数式」で大部分は表現されています。「国語」と「数学」の授業の果たす役割は大きいものがあります。

⑴ 国語科

生徒たちは、「母語」の情報を読み取り、頭の中で整理し、「母語」で表現します。当たり前ですが、「母語」の重要性はＩＣＴを活用する時にも忘れてはいけません。具体的に三つの点から考えていきます。

①本や文献の読解

インターネットで検索すれば、内容のまとめは出てきます。しかし、すべてをこの「まとめ」に頼っていては、十分に「情報」を他者に「伝達」することは出来ないでしょう。本や文献を自分で読み込み、モヤモヤしながら考える、そのプロセスがあって、自分の中にインストールされるのではないでしょうか。日頃から本や文献にあたっている人であれば、インターネットの検索で出てきた「まとめ」を読めば、ある程度あてはつくでしょう。

②表現力

スマホで文字を打っていれば、山ほど「推測」された言葉や言い回しが出てきます。自分がよく使う言葉も認識されており、極端に言えば、最初の一文字を打っただけで、すべて推測だけで絵文字までついて文章は完成します。だからといって、表現力をアナログで獲得する必要性が薄れたわけではないと考えます。「言葉を選ぶ」と言いますが、その状況において、自分の言葉の引き出しから、最もふさわしい言葉を選び、相手に「伝達」し、「共有」する。誰かに作成してもらった文章では、なかなか的確に相手には伝わらないものです。語彙を常に増やし、状況に応じて何を使ったらいいかを考える、そして表現を相手に「共有」してもらいやすいように組み立てる。この力は、ICTに頼らずに体得する必要があります。

③漢字

漢字は変換機能によって、かなり楽になった反面、手書きでは誤字が多くなったと思います。ただ、変換によって選ぶ必要があるものもあります。例をあげると、この本の中で、よく出てくる「探究」です。「探求」とよく間違われることがあり、文章を拝見する時に、「探究」とすべきところを「探求」と書いてあると、理解が足りないのがすぐにわかってしまいます。「漢字」は、意味や使い方をしっかり学んでおく必要があります。また、「漢字」には、文化がその文字にしみついているものもあります。本来の意味だけでなく、その漢字から発する「香り」もとても重要と考えます。たとえば、「雅（みやび）」という言葉がありますが、皆様はこの言葉からどんなことを頭にイメージするでしょうか。漢字を学ぶことの重要性はわかっていただけましたか。

（2）数学科

「数学」や「算数」を、世の中に出たらまったく役に立たない、と言う人は多いですが、その言葉を聞くと理解が不足していて残念に感じます。「数学」や「算数」は、数式に抽象化されたものを学んでおり、直接世の中の具体的な事象に登場することは少ないですが、よくよく考えると「数学」で学んだことが大きく役に立っているのがわかります。数学を学ぶと、以下の三つの力がつくのではないかと思います。

①物事を正確に処理する能力
②与えられた課題を組み合わせながら考え抜く力
③様々な事象を数式で表現する力

これらはすべて、ＩＣＴとの親和性が高い力です。③の「様々な事象を数式で表現する力」からＩＣＴを考えてみると、プログラミングがこの力に該当します。表現したい「情報」を「伝達」し「共有」するのに、プログラミングを用いています。プログラミングというとどうしても高度な専門家が行うイメージがあるかもしれませんが、数学と合わせて考えてみたらいかがでしょうか。わかりやすく言えば、音楽で使う「音符」はプログラミングそのものです。表現したい世界を「音符」でプログラムしているのです。

興味深いのは、欧米の教育では、芸術科目にとても力を入れていることです。理系の進路に進む生徒は、音楽と数学が得意であるという話もよく聞きます。そもそも、古代ギリシャにおけるマテーマタ（mathematicsの語源）には、算術と音楽理論が含まれていました。リベラルアーツで音楽が重要視されたのも「時間」や「調和」といった概念を学ぶという意味があったといいます。数学は、点数がどのくらい取れたかだけでなく、「情報」を「伝達」し「共有」するトレーニングと考えることで、ブルーム・タキソノミーや他教科と統合して考えることができるようになるのです。

＊１【ロイロノート】授業支援アプリ。直感的な操作で動画や写真、手書きのメモなどを線でつなぎ、関係性を容易に伝えることができる。２０１４年、第11回e-learning大賞にて総務大臣賞受賞。

＊２【Ｇｏｏｇｌｅフォーム】テストやアンケート、募集・出欠確認などを作成し、分析できるサービス。共同編集にも対応している。

終章

これからの教育でおさえておくべきこと

この本で言いたかったこと

「人生はプロジェクト」だと思います。自分の人生を振り返ってみると、中高生の時にどんな部活を選ぶのか、どの大学で何を学ぶのか、就職はどうするのか、どんな家庭を作っていくのか。常に「正解のない問い」と向き合い、自分なりに何らかの答えを出しながら、試行錯誤して生きてきました。いつまで仕事をするか、老後はどんな暮らしをするのか、これからも「未知なる状況」に対して、モヤモヤと考えつつ判断を続けていくでしょう。このように考えると「人生はプロジェクト」そのものです。

子どもの教育はまさに一大プロジェクトです。親であれば、子どもに未知なる状況のなかで人生を切り拓く力を身につけてほしいと、ひたすら願っているのはよくわかります。教育の大きなねらいは、そのような「生きる力」を子どもたちが獲得するサポートに他なりません。この「生きる力」を言語化し分類したのが、ブルーム・タキソノミーです。子どもたちが、どの段階の力を身につけられたのか、どの力が足りないのか、を示していま す。

他者と比べたり、テストの得点だけで評価してしまうと、「もっと頑張れ」とか、「しっかりやったか」というようなデジタルでわかりやすい気がする反面、実は本質的な力の獲得につながらないような判断と声かけしかできません。そうではなく、教育の先人たちが作ってきたブルーム・タキソノミーを活用して、どんな能力を獲得し、現在地はどの段階なのかを判断してほしいと考えて、本書を執筆してきました。探究型の学びは、ブルーム・タキソノミーの全体をカバーでき、そして人生のプロジェクトを遂行するにあたり、鍛錬の場となります。ＩＣＴとの共存関係は、ブルーム・タキソノミーの教育目標を常に越境できる力を与えてくれます。わかりにくい話も多かったかもしれませんが、是非この観点で読み返していただければ幸いです。

越境しコラボレーションする重要性

執筆にあたり出版社に、矢萩さん、田中さんとの対談を必ず入れてほしいとお願いしました。理由は三つあります。一つは、自分自身がまだ探究型の学びやＩＣＴに関して理解が足りておらず、専門家のお二人から学びたいと考えたからです。私のプロジェクトのスタイルですが、専門の方とお話しさせていただきながら、ブルーム・タキソノミーの【分析】と【評価】を行ったり来たりするのです。そのプロセスを、対談から読み取っていただきたいのです。二つ目は、お二方と私は、組織を越境して生きているという共通性があります。対談相手のお二人は、学校とのプロジェクトを継続的に実践しながら自分の仕事もしています。私自身も複数の学校とプロジェクトを並行しており、また講演や研修、執筆活動などの個人の仕事も行っています。いくつかのチャンネルを持って生きていくと、「蟻の目」と「鳥の目」の二つの「目」で物事を見ることができます。ブルーム・タキソノミーの分類を越境していきます。三つ目は、学校の「自前主義」の壁を壊したいからです。今学校は多くの改革を迫られています。「働き方改革」をしながら「探究型の学び」や「ICT」の新規のプロジェクトも導入するという「教育改革」を両立しなければなりません。学校の先生が一から学んで導入する余裕は果たしてあるのか、と思います。本書では積極的にコラボレーションする大事さを語ってきたつもりです。最近では、「教育と探求社」という会社が学校と探究のプログラムを通じてコラボレーションしていますので、参考にしていただければと思います。

何故学ぶのか

大坂なおみ選手が、全米オープンで優勝しました。その時に話題になったのは、黒人犠牲者の名前を入れた7枚のマスクを一戦ごとにつけたことです。大坂選手はテニスで頂点を目指すとともに、同じ黒人として犠牲者とともに戦うというスタイルを取りました。この自分のためでもあり、他者のためでもある、というのが「何故学ぶのか」の答えだと思います。今まで知らなかったことを学ぶ、今まで出来なかったことが出来るようになる。そしてそれを使いながら自分を高めていく、そしてそれが他の誰かのためにもなる。他の誰かが身近なところからだんだんと広がっていく、そんなサイクルが社会を幸せにしていくのです。子どもたちには、大いに学んでほしいと心から思います。

おわりに

「教育をすればするほど子どもたちは育たなくなるのでは」

教員生活に慣れた頃、広報の仕事を担当し学校の教育を俯瞰して見つめ直した時に思った言葉です。手をかければかけるほど、生徒たちは自ら動かなくなる。「考えろ」と言いながら、思考停止のまま暗記やパターン学習で何とか点数を取らせる。そんな悪循環が教育現場にはあります。この悪循環を打破するために「ゆとり教育」以来の教育改革は行われているのではないかと思います。「自粛」はできるけど「自律」はできない、コロナ禍で日本人に突きつけられた問題は、教育にも大きな責任があるのではないかと思いました。「言われたことは、それなりに守る」教育はされてきたと感じます。しかし、「状況を分析し、自分の行動を決める」教育は、十分にされてきたとは言えません。「自律」を教育目標として掲げている学校は数多くありますが、どのくらい達成できているのでしょうか。

「自律」した生徒たちが、未来の社会に巣立っていってほしい思いで、この本を書かせていただきました。自分自身の今まで取り組んできた教育をメタ的な視点で分析するとともに、探究型の学びやICTに関して今一度内容の理解を深めながら、ブルーム・タキソノミーの軸にそって整理してみました。コロナ禍で教育現場が混乱しているなか、あえて教育の原点に立ち戻り、未来を予測しながら教育を探究し、表現した作品となったのではないかと思います。

この本は、ｈｏｗ‐ｔｏ本ではありません。事例は多く取り上げていますが、だからこの学校を選んだ方がいいということではありません。また、自校の教育にそのまま取り入れられるものでもないのです。ただ、「考え方」は示してきたつもりです。コロナ禍で書いたものですので、取材はほとんどできませんでしたので、自分が身近で関わっている教育機関の情報に偏っている点はご容赦ください。公立の学校の情報は残念ながら提供できていませんが、制約された条件の中で各校は頑張っていると思います。中でも、以前からお付き合いのある岩手県の大船渡高校の生徒の「自走」をねらいとする「大船渡学」は、たいへんユニークな取り組みであり、いつの日か紙面にて発表させていただきたいものです。

本書執筆にあたっては、多くの方々から力添えをいただきました。今までお世話になった多くの方との対話のおかげで、今の自分自身の問題意識を本書にまとめることができました。皆様には深く感謝いたします。まだまだ続くことが予想されるＷＩＴＨコロナの日々ですが、子どもたちには仲間たちとともに素敵な未来を切り拓いてもらいたいと切に願っています。私もそろそろ還暦の声も近づいてきましたが、仲間たちと自分でしかやれないことは何かを探究しながら、教育のデザインの仕事をしていきたいと思います。このたび、執筆の機会を与えてくださったＳＢクリエイティブの渡邊勇樹さん、ＩＣＴと教育に関して先端的な視座を与えてくださり対談をさせていただいた田中康平さん、対談・企画・編集とこの本をプロデュースしていただいた矢萩邦彦さん、そして時として折れそうになる心を支えてくれた妻の美恵には心から感謝を贈りたいと思います。

２０２０年11月　石川一郎

編集後記

今回は裏方に徹するつもりが、最後に思いがけず機会を頂きましたので、有り難く紙面と皆さまのお時間を拝借したいと存じます。本書で僕が実現したかったのは探究的な「協働」の在り方の体現です。学校をはじめとした教育機関では、本書でも触れられているとおり構造的な諸問題の中で、一人ひとりの先生方が孤軍奮闘しているように見えます。そして、それが「仕方がないこと」「そういうものだ」というふうに語られていることが多いと感じます。

僕は民間と学校を行き来しながら、人もカリキュラムもコンテンツも、圧倒的に「共同編集」が足りていないと痛感しています。ＩＣＴの発達で、一人で創作ができてしまう「ような気がしてしまう」時代です。しかし、僕たちの営みは、必ず自分以外の誰かとの間に成り立っているのです。書籍を作り、出版するという作業はこの時代においても、多くの人の協力・協働を経なければ実現しない【創造】です。

本書では、石川さんの単著でありながら、関わりや過程が見えるように企画・編集をさせていただきました。もちろん、見た目をキレイに整えることは大事です。しかし、僕らが目指したのは、【模倣】しやすく、プロセスを見えるように、アイデアや葛藤が、また人と人との関係や息づかいが見えるようにというアナログな編集です。この新しい【組織化】の形に、教育書としての未来を託したチャレンジとも言えます。当たり前のことですが、中心にいるのは人です。生徒だけではなく関わる全員が中心なのです。関わる人が、自分軸を持ち、「ブルーム・タキソノミー」を【理解】【評価】し【価値化】して、「探究」や「ＩＣＴ」という方法やツールを【応用】しながら共同編集をする場こそが、「学校の大問題」だけでなく、社会のあらゆる問題に立ち向かいながら、豊かに「生きる力」を育てていくのだと確信しています。

本書を通じて、読者の皆さまが、自分自身と、あるいは家族と、知人と、ぜひ対話をしながら深めていくきっかけの一つになれば、編集者としてこんなに嬉しいことはありません。保護者の皆さまにおかれましても、どこでどんな人と時間を過ごしてほしいのかを、よくよく考える機会としていただければ幸いです。では、それぞれがポジティブな未来を目指しつつ、皆さまと、どこかで対話・協働できることを楽しみにしております。

最後に、このような機会をいただきました石川さんと、協働させていただいたみなさま、ここまで読んでいただいた読者のみなさまに感謝の意を表したいと思います。

２０２０年11月　矢萩邦彦

著者略歴

石川一郎 (いしかわ・いちろう)

「聖ドミニコ学園」カリキュラムマネージャー。「21世紀型教育機構」理事。経済産業省「未来の教室」教育コーチ(2019年度)。知窓学舎カリキュラムマネージャー。1962年東京都出身、暁星学園に小学校4年生から9年間学び、85年早稲田大学教育学部社会科地理歴史専修卒業。暁星国際学園、ロサンゼルスインターナショナルスクールなどで教鞭を執る。前かえつ有明中・高等学校校長。前香里ヌヴェール学院学院長。「21世紀型教育」を研究、教師の研究組織「21世紀型教育を創る会」を立ち上げ幹事を務めた。著書に『2020年の大学入試問題』(講談社)、『2020年からの教師問題』(ベストセラーズ)、『2020年からの新しい学力』(当社刊)。『教員採用は生徒募集と同じである』(東京図書)、矢萩邦彦氏との共著に『先生、この「問題」教えられますか?』(洋泉社)がある。

SB新書 524

学校《がっこう》の大問題《だいもんだい》

これからの「教育《きょういく》リスク」を考《かんが》える

2020年11月15日　初版第1刷発行

著　者　石川一郎《いしかわいちろう》

発行者　小川 淳

発行所　SBクリエイティブ株式会社
〒106-0032　東京都港区六本木2-4-5
電話:03-5549-1201(営業部)

装　幀　長坂勇司(nagasaka design)

本文デザイン・DTP　三協美術

企画・編集　矢萩邦彦

印刷・製本　大日本印刷株式会社

本書をお読みになったご意見・ご感想を下記URL、
または左記QRコードよりお寄せください。

https://isbn2.sbcr.jp/08019/

ISBN 978-4-8156-0801-9